Weigand — Maria erscheint

Wolfgang Weigand wurde 1966 in Schweinfurt geboren und lebt seit 24 Jahren in der Schweiz. Als freischaffender Theologe begleitet er Menschen beim Abschied und in der Liebe. Zudem tritt er als Kabarettist auf (sein aktuelles Programm: *Keine Angst vor der Wahrheit!*). 2006 erschien seine Novelle *Legion*, 2017 bei K&N die Erzählung *Sterbelos* und 2018 der Erzählband *Grenzgänger*. Zudem war er Co-Autor zweier Sachbücher: *Kann denn Liebe Lüge sein?*, 2014, und *Erfüllende Liebe*, 2015.

Wolfgang Weigand

Maria erscheint

Geschichte eines Rufmords

Roman

Königshausen & Neumann

Bibliografische Information der Deutschen Nationalbibliothek

Die Deutsche Nationalbibliothek verzeichnet diese Publikation in der Deutschen Nationalbibliografie; detaillierte bibliografische Daten sind im Internet über http://dnb.d-nb.de abrufbar.

Gedruckt auf säurefreiem, alterungsbeständigem Papier
Umschlag: skh-softics / coverart
Umschlagabbidlung: Pongmoji: The Virgin Mary statue; #127620589 © Fotolia.com
Bindung: docupoint GmbH, Magdeburg

ISBN 978-3-8260-6706-8

www.koenigshausen-neumann.de
www.libri.de
www.buchhandel.de
www.buchkatalog.de

Maria erscheint

Eine Banalität treibt manchmal Menschen auseinander. Eine Katastrophe bringt sie wieder zusammen.

(Leopold Koch)

Der Genius ist die sich selbst vernichtende Erscheinung.

(Friedrich Nietzsche)

Wer das Dorf, aus dem er kommt, nicht kennt, wird das Dorf, das er sucht, nicht finden.

(aus China)

Wir müssen so viel wie möglich Geschlossenheit hervorrufen, Heimaten, die man nicht vergisst.

(Paul Anton de Lagarde)

Tod und Geburt lernt man nur in einem Dorf kennen, in keiner Stadt.

(Jean Paul)

Erscheinung und Wesen sind nicht voneinander zu trennen.

(Yoshida Kenko)

Ein Dorf mit wenigen Häusern ist ein böses Dorf.

(Griechisches Sprichwort)

De Profundis

Prolog

Und dann ist die kurze Stille endlich wieder vorbei. Sie hält ihre Handtasche mit dem Foto fest, als wolle ihr sie jemand entreißen, wo doch hier ein so sicherer Ort ist. Seligpreisungen sind aus dem Lautsprecher in der scheppernden Stimme des Pfarrers zu hören. Erinnerungen an früher tauchen auf für kurze Momente, bis sie wieder verschlungen werden wie von einem Ungeheuer. *Selig sind die arm im Geiste*. Es ist noch immer nicht fassbar für sie, dass sie nun hier steht unter allen diesen namenlosen und doch so vertrauten Dorfgesichtern. Niemand gafft, die hilflosen Blicke gehen auf den Boden zu den ausgetretenen Grasnarben hin, welche bereits erste braune Flecken auf der ausgetrockneten Erde zeigen. Und vielleicht ist da auch Scham, die sich durch die Reihen schlängelt wie ein unerbittliches Band, das fesselt und sprachlos macht. An diesem Maitag ist es schon sehr heiß, schwül nahezu, ungewöhnlich drückend, nachdem es noch wenige Tage zuvor bei den Eisheiligen merklich kühler gewesen war und jetzt die Hitze fast übergangslos aus den unwirtlichen letzten Frühlingstagen hervorgegangen ist.

Das Gemurmel der Menschen vermischt sich mit den Vogelstimmen, die aufgeregt unter dem düsteren Wolkenband zwitschern. Wenn die Vögel tief fliegen, kippt das Wetter, so sagt man. Dann wird es stürmisch. *Unselig* passt besser, denkt sie, ja *unsäglich*. Unworte in einem Frühsommer.

Bernd steht neben ihr, sie hört seinen Atem, bemerkt das leichte Zittern seiner Hand, die sie unbeholfen berühren will. Sie fühlt sich fordernd an auf ihren schweißnassen Oberschenkeln, aber auch kalt. Und sie spürt den Graben zwischen ihm und sich, den Abgrund zwischen seiner Geschichte und der ihrigen. Vorher, früher, hatten seine Hände sie berührt, geliebt und begehrt, und sie hatte sich ihnen ausgeliefert, manchmal Zeit und Raum vergessend, und danach war dann doch immer wieder eine Verlorenheit dazugekommen, eine Einsamkeit nach der Ekstase, die sie verunsicherte und enttäuschte. Auch weil sie dann manchmal an *ihn* dachte.

Der Pfarrer ist beim Vater Unser angelangt und das Gemurmel der Trauergemeinde klingt in ihren Ohren wie Hohn. Bernd neben ihr schweigt, seine Lippen sind angespannt zusammengepresst. Die Schwalben sind noch immer mit ihren Tiefflügen beschäftigt und malen imaginäre Figuren in den Himmel. Sie wollte mit diesem Mann glücklich werden, sagt sie sich, die Familie zusammenhalten, obwohl diese doch längst am Zerfallen war. Aber vielleicht ist ja ihre Beziehung zu Bernd auch nur ein Bild für die Entscheidung, die *jener* getroffen hatte, weil *seine* Liebe zu ihr niemals ihre Erfüllung finden konnte. Weil zu viel dagegenstand, alte Geschichten, und weil schließlich die beiden Kinder noch an die Zukunft ihrer Eltern glaubten. Vielleicht hat sie *ihm* diese Radikalität, diesen wild entschlossenen Abschied, auch niemals zugetraut – jedenfalls fühlt sie sich noch immer wie betäubt vom Schock, obwohl sie von *seiner* Entscheidung wie alle anderen nun schon seit drei Tagen weiß. Es sind lange Tage gewesen, unendlich langsam verrinnende Stunden, so als müsste man einen Sekundenzeiger betrachten, der sich nur widerwillig, von einer apathischen Unruh getrieben, vorwärtsbewegt und jede Minute zu einer Ewigkeit verkommen lässt.

Es war eine Woche zuvor noch ein Brief von ihm gekommen, bittere Zeilen voller Unverständnis und Verwirrung, das schon, aber von einem angekündigten Tod konnte keine Rede sein! Sie hatte den Brief gelesen, wieder und wieder, hatte versucht, zwischen den Zeilen zu lesen und allem einen Sinn zu geben, dem Geschriebenen und dem, wovon es berichtet. Sie hatte den Brief für sich behalten, hätte so gerne mit jemandem darüber geredet.

Sie weiß, dass sie nicht die Antwort sein kann auf *seine* bohrenden Fragen, auch wenn sie ihn einmal geliebt hat, damals. Zumindest musste es etwas Ähnliches gewesen sein zwischen ihm und ihr, eine Zuneigung und Verbundenheit, so dass es für Bernd eine ständige Bedrohung war, *seine* Anwesenheit in ihren Gedanken zu spüren, so als ob er ein unwillkommener, nicht abzuschüttelnder Begleiter wäre, bei Tisch und beim Spazierengehen, in langen, oft im Streit endenden Gesprächen und auch im Rückzug auf ihr Zimmer, in welches sie in den letzten Jahren immer häufiger geflüchtet war. Vieles geht ihr jetzt durch den Kopf, während *Großer Gott wir loben dich* von der Blaskapelle intoniert wird. Und Bernds Hand liegt auf ihrer linken Schulter und drückt schwer in einem hilflosen Versuch, sie zu trösten.

Ich hätte auf den letzten Brief reagieren können, denkt sie, als die Strophen gesungen sind und alle auf den Schlusssegen warten. Vielleicht hätte es noch einen Aufschub gegeben. Vielleicht hätte er noch einmal etwas Hoffnung erhalten, weil sich neue Perspektiven aufgetan hätten, so etwas wie heilsame Zweifel an seiner Ausweglosigkeit.

Er hat immer wieder in seinen letzten Briefen alte Erinnerungen beschworen, ihren Besuch damals bei ihm, als die beiden Brüder gefallen waren, die gemeinsamen Tage in den Nachkriegsjahren, Wanderungen einige Jahre später, den warmen Sommer '66. Und sie hat die Briefe gelesen, wenn Bernd nicht da war, mit den Fingern bisweilen zärtlich über die Zeilen fahrend, so als würden die Buchstaben wie in einem Relief ihr entgegenwachsen. Sie hat die Papierblätter gehütet wie einen Schatz, im alten Kleiderschrank der Großmutter auf dem Dachboden. Sie hat sie manchmal hervorgeholt, wenn er abends schon im Bett lag, um sie dann behutsam wieder zurückzubetten in die Schublade für die Nacht, in der sie wieder neben Bernd gelegen ist, stumm seinem Atem lauschend und seinen Geruch wahrnehmend, der sich verändert hat in den Jahren, wie alles andere an ihm auch.

Als *er* im vorigen Herbst in die Psychiatrie gekommen war, hatte sie eine eigenartige Verwirrung gespürt, eine diffuse Vermutung gehabt, er sei an Stelle eines anderen dorthin gegangen, vielleicht für sie, vielleicht auch für Bernd. *Er* hat mir einen Spiegel vorgehalten, denkt sie. Über ihr ziehen nun zwei schwarze Raben ihre Kreise, nachdem die Schwalben verschwunden sind. Und gleichzeitig weiß die Frau, den Toten da, der jetzt ins Grab gelassen wird von vier Honoratioren des Dorfes mit weißen Handschuhen, hätte sie niemals lieben können. *Ich hatte Angst vor dir*, flüstert sie ihm lautlos zu, *vor deiner Nähe, vor deiner Besessenheit*, und sie wundert sich über dieses Wort, das so unpassend scheint, so undankbar bei einer Beerdigung, wo man doch nur Allerbestes zu berichten weiß über die Toten. *De mortuis nil nisi bene*, wie die Römer sagten.

Die vier Handschuhpaare haben auf ein Kommando hin das Seil losgelassen und der Sarg ruht nun in seiner letzten kühlen Ruhestätte. Die Männer verbeugen sich vor der Grube, ihre schweigenden Gesichter sprechen Bände. Sie wissen, warum *er* da unten liegt, und sie wissen auch, dass ihr Anteil an *seiner* Entscheidung nicht unerheblich war. Die weißen Handschuhe werden ausgezogen, als die Blaskapelle *Ich hatt' einen Kameraden* anstimmt. Sie sind nicht weiß wie die Unschuld, denkt wohl so mancher der zahlreichen Anwesenden. Und die Kapelle spielt unbeirrt weiter. Dennoch. Und vielleicht auch deswegen.

Sie wendet sich langsam ab vom Grab, weil nun auch der Segen und die Entlassung vorüber sind und der Pfarrer bereits wieder auf dem Rückweg zur Kirche ist. Auch die mit den Handschuhen drehen sich um und gehen ihre Wege. Es wird nichts mehr so sein, wie es einmal war, das weiß sie, das wissen auch die Honoratioren. Von dieser unsichtbaren Bande zwischen ihr und dem da *unten* ahnen sie freilich nichts. Der Tod, ein Tod, ein Freitod, wie man so schön sagt, hat die Welt neu aufgeteilt und ein Dorf gespalten. In jene, die von allem gewusst hatten, aber keinen Mut fanden, und in jene, die von nichts gewusst hatten, jedoch auch nichts dagegen unternommen hätten. Auch das Nichtwissen-Wollen schütze vor der Verantwortung nicht, hat der Pfarrer gesagt. Aber es gibt nicht sehr viele, die sich diesen Satz zu Herzen nehmen müssen, denn praktisch alle im Dorf haben gewusst, dass da im letzten Sommer etwas geschehen war, und dass der, vor dem sich die Dinge ereigneten, sich nicht mehr davon erholen konnte, weil es das Dorf nicht zuließ.

Während sie nach Hause gehen und sich die Versammlung am Friedhof langsam auflöst, hat sich der am Vormittag noch strahlend blaue Himmel stark bewölkt. Auch die kreisenden Raben haben sich nun verzogen. Man erwartet das erste Hitzegewitter des neuen Jahres, einen kleinen himmlischen Sturm sozusagen, und so ist jeder froh, noch vor den ersten Tropfen wieder zuhause im Trockenen sitzen zu können. Aber diese kleine Freude ist nur nebensächlich, denn eigentliche Freude hat heute keinen Platz, denkt man sich im Dorf. Zu beschämt ist man über das Geschehene.

Irgendwann werden die vier Handschuhpaare gewaschen sein. Die Honoratioren werden wieder ihre Sitzungen halten. Sie, die trauernde Frau, wird wie immer den Haushalt erledigen, und auch der erste Gewittersturm wird schnell vorübergehen. Es ist nichts mehr so, wie es vorher war. Die Mauern bieten keinen Schutz mehr vor dem Abgrund. Es hätte nicht so zu kommen brauchen.

Und dann ist da wieder die Stille über den Gesichtern. Wie am Anfang. Als alles geschah. Im letzten Jahr.

I. In Principium

Der Tag, an dem gegen alles Erwarten und ohne jegliche Vorankündigung in dem kleinen, unbedeutenden Dörfchen Schondorf *aus heiterem Himmel* einem gewissen Alfred Kummer die Muttergottes leibhaftig erschien, war kein besonderer Tag gewesen. Manchmal ereignen sich, so scheint es, wichtigste Dinge im außergewöhnlich Gewöhnlichen. Ja: Bemerkenswertes geschieht in der größten Ereignislosigkeit. In jenem Sommer duftete es wie immer nach frischem Heu, auf den Feldern vor den Toren Helmstadts war eifriger Betrieb im Gange, und wer von diversen Pollenallergien gepeinigt war, blieb besser zuhause vor geschlossenen Fenstern sitzen. Die Ähren standen in vollster Pracht, durchsetzt von einem millionenfachen Heer leuchtend roter Mohnblumen, die sich sanft im kaum hörbaren Rauschen des Windes hin und her wogten und einen Frieden verbreiteten, welcher dem nächsten unvermeidlichen Gewittersturm entgegenging. Die rot durchtränkten und von keinem Morgentau benetzten trockenen Ähren warteten auf die gelben Mähdrescher, die bald die Felder durchpflügen würden, Zeile für Zeile, Feld für Feld, um dann zahlreiche Wägen zu füllen, welche die Schondorfer in langen nächtlichen Fahrten in die nicht weit entfernte Kreisstadt zur Genossenschaft bringen würden. Und damit wäre dann wieder der jährliche segensreiche Kreislauf von *der Hände Arbeit bis zum Brot* in Gang gesetzt. Dieser Segen würde den Schondorfern wenige Monate später zur Gewissheit, wenn der Zustellbote die Zahlungsbelege der Raiffeisenbank verteilte, auf welchen die Entlohnung durch die Genossenschaft mit Stolz in der Brust und einem lockeren Griff in die Geldtasche entgegengenommen und abends entsprechend im *Ochsen* gefeiert werden würde. Der Segen hing aber auch noch an den meisten Häusern von Schondorf, welche mit frommen Sprüchen auf Holztafeln über den Eingängen verziert waren: von der *Hände Schweiß* war da die Rede und von der *Ehre Gottes* und solchen Dingen.

Die Hausfrauen von Schondorf dagegen waren an diesem Tag schon am Morgen zur frühen Stunde mit durchschwitzten Blusen im einzigen kleinen Einkaufsladen beim Paul zusammengetroffen, um der Hitze des Mittags zu entgehen, aber dennoch sofort bereit zu sein, aufs Feld zu springen und den Männern beim Wenden und Einholen der Heuzeilen zu helfen, sobald sich die ersten grauen Wölkchen am Himmel zeigten. Zudem wurde die Gesprächsmöglichkeit geschätzt, und gegen die Wortkargheit zuhause waren die wenigen Minuten zwischen Pauls Regalen, oft hinausgezögert auf eine halbe Stunde, einziger Balsam für vereinsamte weibliche Seelen, Zulieferer für die grenzenlose Neugierde auf die begrenzten Neuigkeiten im Dorf. Und schon manchmal hatte man erfahren können, dass Severins Kuh bereits wieder kalbte und dass die Älteste vom Bartel Schorsch endlich jemand gefunden hatte, auf der Kirchweih in Niederhausen sogar, wo Schondorfer Glück sehr selten zu sein schien. Und auch vom Schmids Winfried hatte man es manchmal gehabt, dass er schon lange nicht mehr in der Kirche gewesen sei, und dass er auch der zweiten Jahresmesse für die Micheli Berta ferngeblieben sei, obwohl die doch immerhin eine Großtante von ihm gewesen war und früher ein paar Mal auf ihn aufgepasst hatte, und dass es überhaupt seltsam sei, dass er niemals den Frauen nachschauen und auch am Samstag seine Straße immer so nachlässig kehren würde, und dass er beim letzten Fronleichnamszug seine vergilbten Wimpel nicht einmal hatte bügeln lassen, wo es doch die Vreni von der Ebergasse gerne für ihn gemacht hätte.

Die sommerliche Idylle offenbarte sich jedoch nur den wenigen Durchziehenden, die die ersten Wochen der Sommerferien im schönen fränkischen Hinterland zu genießen suchten und mit dem kärglichen touristischen Angebot von Rhön und Saale zufrieden waren. Neben dem kleinen barocken Schloss von Wiesenthal, wo einst die Grafen von Castell ihre Wintertage verbrachten, gab es eigentlich nur noch den Kurpark in der bekannten Badestadt zu bewundern, in dem sich einst bereits der Reichskanzler Bismarck einige Male zur Erholung eingefunden hatte, um seine Gliederschmerzen beim Gehen und beim Baden in dem besonders salzhaltigen Wasser loszuwerden. Und vielleicht könnte man auch noch das kleine Museum in Helmstadt als Sehenswürdigkeit betrachten, in dem die Geschichte der hiesigen Kugellagerindustrie, freilich nicht besonders kunstvoll ausgestellt, in den schlecht gelüfteten Räumen des alten Stadthauses zu bewundern war. Und sogar in Schondorf war etwas Besonderes zu besichtigen: der steinerne Jesus am Ölberg vor der Pfarrkirche sei aus dem 18. Jahrhundert, von einem gewissen Antonio Garibaldi, der einst aus Venetien nach Südtirol und dann später ins Fränkische ausgewandert sei und einige wertvolle Skulpturen geschaffen hätte, während man den kitschigen Barock mit dem falschen Marmor im Augustinerstift der Stadt eher übergehen könnte.

Den einheimischen Bauern hingegen blieb der Gedanke an Erholung und Freizeit fremd, weil ihre kleinen Höfe und die mit Steinen übersäten Felder keine Möglichkeit boten, sich auch nur für wenige Tage zu entfernen vom Gebot des immerwährenden Alltags. Schreiende Kühe duldeten in der ersten Herrgottsfrühe keinen Aufschub und die Nacht war bereits längst hereingebrochen, bis der letzte Rundgang im Stall beendet war. Und nur an den wenigen Sonn- und Feiertagen durfte zumindest nach dem Mittagessen die Arbeit für einige Stunden ruhen, damit die Familiensippen vor ihren Tassen Malzkaffee und den Streuselkuchen anschließend bei einem sommerlichen Spaziergang oder einem winterlichen Kartenspiel aufatmen konnten und auch noch andere Worte gewechselt wurden, als es sonst der Fall war.

Allerdings gab es auch in Schondorf Privilegierte, welche die Tatsache, keine Felder bestellen zu müssen, geschickt auszunutzen wussten und nach Büroschluss in das Helmstadter Freibad pilgerten, um sich auf diesem Wege die Sommerbräune zu holen, die ansonsten zwischen Schweiß und Heu unvermeidlich war. Zu diesen Büromenschen zählte auch Alfred Kummer, womit bereits das Wichtigste über ihn ausgesagt ist. Denn in diesem kleinen Dorf gab es nicht viele Menschen in Büros, wo man mehr verdiente, etwas Besseres war und sich die Hände nicht schmutzig machte mit Dreck, Staub oder Maschinenöl, wenn der von den Vätern ererbte Hof zu oft hatte geteilt werden müssen und der Gang in die Fabrik somit unvermeidlich wurde. Alfred hatte keinen Hof geerbt und keine hungrigen Kinder, dafür saß er an seinem Schreibtisch in einer der Helmstadter Kugellagerfabriken. Und er musste kein Heu machen, weil es neben seinem Haus keinen Stall gab, in dem die Tiere Beherrscher des täglichen Zeitablaufes gewesen wären.

Nicht dass Alfred etwas Bedeutungsvolles in seiner Nachbarschaft (zumindest in dieser Hinsicht) dargestellt hätte. Und keineswegs hätte er es an Ansehen und Noblesse mit dem Doktor aufnehmen können. Dieser war zehn Jahre zuvor zugereist und hatte längst eine gutgehende Praxis aufbauen können. Und obwohl er anfänglich mit seinen alternativen Heilmethoden auf großen Widerstand gestoßen war, wurde er inzwischen sogar mit chinesischer Akupunktur von den Bäuerinnen verehrt als Wundermann der Moderne, während sich die Männer noch nicht so häufig in der Praxis sehen ließen; aber auch ihre Ablehnung war langsam dahin geschmolzen.

Nein, mit diesem exotischen Wunderheiler, der sogar mal in Amerika zum Studieren gewesen sein sollte, wie man im Dorf munkelte, konnte es Alfred nicht aufnehmen. Aber er war doch nicht so wie die anderen Männer, die noch vor dem Morgengrauen ins nahe gelegene Helmstadt zur Monotonie täglicher Fließbandarbeit aufbrachen, um rechtzeitig am frühen Nachmittag, mit allerlei Gerät bewaffnet, auf ihren Feldern und in den Stallungen stehen zu können. Alfred Kummer hatte es nicht nötig, so früh aufzustehen und konnte es sich, bei entsprechendem Wetter und innerer Befindlichkeit, sogar an einem gewöhnlichen Werktag leisten, zu einem kurzen Abendspaziergang aufzubrechen. Diese Besonderheit, die einem heutigen Stadtmenschen wohl befremdlich sein muss, trug in nicht geringem Masse dazu bei, dass Alfred wie ein Fremder behandelt wurde, obwohl er schon als Kind im Dorf aufgewachsen war und beide Eltern am hiesigen Friedhof begraben lagen. Man konnte nicht sagen, dass Alfred mit diesem Statussymbol der Bürotätigkeit und den sauberen Fingernägeln provozieren wollte. Im Gegenteil: er wählte bei seinen Spaziergängen mit Vorliebe einen schmalen Grasweg, der von seinem Haus direkt auf die Fluren des Dorfes in Richtung des Waldsees hinausführte, um jeden unnötigen Kontakt mit der benachbarten Bauernschaft zu vermeiden und um den hinter den Fenstern stierenden alten Frauen in den umliegenden Häusern keinen Stoff für ihre täglichen ereignislosen Plauderstunden abzuliefern. Aber auch bei diesen durchaus von Mitgefühl geprägten Vorsichtsmaßnahmen konnte er sich des latenten Misstrauens unter den Dorfbewohnern nie ganz erwehren.

An jenem Tag, als sich die Ereignisse um und *über* Alfred überstürzen sollten, waren allerdings in dem Mosaik, das sein Ansehen im Dorf in zwielichten Farben zeichnete, noch andere, durchaus gewichtige Steinchen zu finden. Er galt als Sonderling! Nicht nur, weil er mit seinen 52 Jahren noch immer alleine war und somit zu den letzten drei Junggesellen über Vierzig im Dorf gehörte, was bei Pauls Ladentheke des Öfteren verhandelt wurde, sondern vor allem auch deswegen, weil er nicht ganz *richtig im Kopf* sein sollte. Jedenfalls hatte das die alte Geli, schon seit Menschengedenken Nachrichtendienst Nummer Eins von Schondorf, irgendwann behauptet, als sie gesehen zu haben vorgab, wie Alfred einmal mitten in der Nacht nackt durch sein hell erleuchtetes Wohnzimmer gelaufen sei und sie, Geli, dies von ihrem Fenster aus mit Entsetzen hätte beobachten können, während sie, von Durst geplagt, sich von ihrem Lager erhoben hatte, um in der zur Straße hin liegenden Küche ein Glas Wasser zu holen. In Wirklichkeit war es wohl ein billiger Schnaps gewesen, denn Geli war, seitdem ihr Mann vor bereits 20 Jahren verstorben war, für ihre Trinkfestigkeit im Dorf bekannt. Für *diese* Nachricht freilich, die das nächtliche Herumtreiben des Herrn Sonderling beweisen sollte, drückte man gerne ein Auge der Wahrheit zu und unterstellte Geli für dieses eine Mal eine klare, nicht vom Alkohol umnebelte Sicht der Dinge in Kummers Haus. Wie dem auch immer sei: Alfred sollte seines Lebens nicht mehr ganz froh werden, als ihn an jenem besagten Tage die Erscheinung ereilte.

II. Erscheinung

Alfred war von seiner Arbeit heimgekehrt und beschloss, sich noch einen kurzen Abendspaziergang zu gönnen. Er hatte sich diese Erholung, nachdem er an diesem Tag 422 Lohnfortzahlungen gebucht, 117 Krankmeldungen aus den letzten Wochen eingeordnet, mindestens fünfzigmal das Telefon bedient und über achthundertfünfzig Einladungen zur nächsten Aktionärsversammlung etikettiert hatte, auch redlich verdient. Nicht das Schwelgen in diesen monströsen Zahlen seiner Schaffenskraft im Lohnbüro der Kugellagerfabrik erfüllte ihn mit einem Gefühl der Zufriedenheit (immerhin hatte er im Laufe seiner Tätigkeit mehr als hundertfünzigtausend Lohnfortzahlungen und dreißigtausend Einladungen persönlich registriert), sondern eher die Aussicht auf seine Pensionierung, die er in dreizehn Jahren in Angriff nehmen durfte mit einer keineswegs üppigen, aber für sein gewohntes Leben durchaus reichlichen Rente. Wohl wäre die Etikettierung der Einladungen nicht seine Aufgabe gewesen. In gewisser Weise lag es sogar unter seiner Würde, diese Aushilfstätigkeit zu erfüllen. Aber der dafür vorgesehene Springer Karl Erhard war im Urlaub, und auch ansonsten war niemand im Lohnbüro bereit oder minderqualifiziert genug, um diese halbjährlich anfallende Arbeit zu erledigen. Natürlich zeigte auch dies ihm deutlich, dass er in den 30 Jahren, in den vielen langen 8672 Arbeitstagen seiner Betriebszugehörigkeit, noch immer ganz *unten* im Büro stand und andere ihn schon nach wenigen Jahren karrieremäßig nahezu spielend überholt hatten. Der Abteilungsleiter zum Beispiel, auch nur ein gelernter Bürokaufmann, hatte seinerzeit als Lehrling angefangen und Briefe etikettiert, als Alfred bereits zehn Jahre lang Lohnfortzahlungen selbstständig verbucht hatte. Aber immerhin, so sagte er sich immer wieder ohne Arroganz oder Standesdünkel, musste er sich nicht die Hände schmutzig machen und litt ebenso wenig unter Lärmbelästigung und Akkordzeitdruck in den Produktionshallen. Mit diesem Gefühl, trotz seiner Handlangerdienste im Lohnbüro ein durchaus gnädiges Berufsschicksal gefunden zu haben, verließ er also an diesem warmen Sommerabend im Jahre 1982 sein Häuschen, um vor Einnahme eines Schinkenomelettes noch einige wohlverdiente Schritte zum Dorf hinaus zu tätigen, mit instinktsicherem Gefühl den wenigen ratternden Traktoren samt nebenher laufenden Bäuerinnen auf den Getreidefeldern und abgemähten Wiesen so weit als möglich ausweichend.

Nach einem Kilometer, Alfred ging zügig und war noch keine Viertelstunde unterwegs, hatte er jegliche bäuerliche Betriebsamkeit hinter sich gelassen und war nun ganz alleine, in seinen Gedanken ans Büro versunken, und bewegte sich auf den Waldsee zu. Wie immer trug er seine braune Kniebundhose mit den dazu gehörenden Wanderstiefeln. Die Weste hatte er für alle Fälle um seinen leicht gewölbten Bauchansatz geschlungen und das weiße Hemd klebte ihm bereits nach wenigen Schritten wegen der schwülen Hitze am Rücken. Seinen reich mit allerlei Auszeichnungen für Volkswanderungen verzierten Gehstock ließ er zufrieden in seiner rechten Hand schlendern. Diesmal hatte er zumindest auf seinen leichten Sommerhut verzichtet. Dennoch spazierte er in einer solchen Aufwartung, welche ihm das Aussehen eines passionierten Jägers verlieh, obwohl er dem Waidmannshandwerk eher ablehnend gegenübergestanden hätte, wäre nur jemand auf die Idee gekommen, ihn danach zu fragen. Er betrachtete, zufrieden mit sich und der Welt, das schnelle Treiben der Schwalben, die ihre Gelege in den Stallungen am Rande Schondorfs schon längst ausgebrütet hatten, aber dennoch auf Nahrungssuche nach allerlei Gewürm und Insekten Alfred hinterherflogen, als *es* passierte.

Alfred hat ein merkwürdiges Gefühl in der Magengegend, ist sich jedoch sicher, dass es noch kein Hunger sein könne. Und gleichzeitig überkommt ihm ein in Anbetracht der Hitze des Tages äußerst merkwürdiges Frösteln, das seine Arme und Beine mit einer Gänsehaut überziehen lässt wie eine unangenehme, ja peinigende Glasur. Er möchte seine Schritte beschleunigen, denkt jedoch nicht an eine Umkehr, da sein Abendspaziergang erst vor einer Viertelstunde begonnen hat, wie er sich mit einem Blick auf seine Armbanduhr vergewissert. Es ist jetzt genau 17.50 Uhr. Sein Abendspaziergang dauert immer eine Stunde und zehn Minuten, präzise, pünktlich, ohne Ausnahmen von der geliebten Rundstrecke, von seinem Haus an der Helmstadter Straße weg gegen Westen Richtung Obergrain und Waldsee, dann am alten Dorfweiher links einbiegend in einen frisch geschotterten Feldweg zum Hohen Park, welcher trotz seines adeligen Namens nur ein kleines, gewöhnliches Waldstück von Eiben und Eschen ist, vom welchem auch Alfred eine kleine Parzelle von höchstens 20 Are gehört, die er allerdings kaum noch finden würde, da er sich seit langem nicht mehr ums das Holz gekümmert hat, von dort weg über den Ebermannstädter Hügel zurück Richtung Schondorf, um dann eben nach gut einer Stunde in die Ringstraße einzubiegen, die nach fünf Minuten eifrigen Schrittes in die Helmstadter Straße einmündet und geradewegs zu seinem Haus führt.

Die spürbaren Veränderungen in der Luft und auch an seinem Körper verwundern ihn sehr, um so mehr, da er bisher noch selten Außergewöhnliches oder irgendwelche sonderbaren Zustände erlebt hat. Er liebt ja die Regelmäßigkeit und folgt ohne große Ausschweifungen einem geregelten, vielleicht langweiligen, aber doch in jedem Fall sicheren und vorhersehbaren Tagesrhythmus, was ihn wiederum nicht sehr von den anderen Schondorfern unterscheidet. Alfred bemerkt mit einem eigenartigen Gefühl, dass er überhaupt nicht schneller laufen kann, obwohl er sich darum bemüht. Irgendetwas ist mit seinen Gliedern los, sie scheinen den Befehl vom Gehirn oben einfach zu ignorieren. Es ist keine Lähmung, und er hat ebenso keine Schmerzen, je mehr er sich auch anstrengt, irgendeinen Schmerz zu spüren. Er sucht vergeblich eine Sicherheit darüber, dass mit ihm etwas nicht in Ordnung sei, dass es einen Ort, einen Grund für das plötzlich Andere gebe, dass das komische Gefühl etwas Absehbares und Definierbares haben würde. Nein, er hat nicht einmal Kopfweh und der Ischias bleibt ruhig. Selbst sein linkes Knie, dass ihm manchmal vor einem Wetterumschwung etwas weh tut, weigert sich nicht, sich zu beugen und zu strecken, was er soeben noch, allerdings mit ungewohnt großer Anstrengung, auszuprobieren in der Lage ist.

Und dennoch fühlt er etwas Blockierendes *in* sich, *um* sich, er kann nicht genau sagen, was ihn festhält oder fesselt, als er wenige Augenblicke später zum Weitergehen nicht mehr imstande ist und mit unruhigem Atem wie erschöpft zu Boden sinkt und liegen bleibt, ohne Acht zu geben auf seine Kniebundhose, die voller Staub sein wird, ohne einen Gedanken daran zu verlieren, was ein Schondorfer denken könnte, würde er, oder noch schlimmer, würde Geli ihn hier so liegen sehen. Alfred ist es nicht einmal mehr bewusst, dass er auf seinem Gehstock liegt und dieser ihn zwischen den Schulterblättern drückt. Und er denkt auch nicht mehr an den Spaziergang, der doch nach Weiterführen drängt, weil er noch nicht einmal den Dorfweiher erreicht hat.

Jetzt blickt Alfred nach *oben* und bemerkt ein seltsames Flimmern in der Luft. Am ganzen Tag hat kein Wölkchen das Himmelblau getrübt, und so reibt er sich verwundert seine Augen. Aber das Flimmern bleibt nicht nur, sondern wird stärker, und ehe er es begreift, hat ihn ein Sturmwind erfasst, und sein inzwischen vor Angstschweiß klatschnasses Hemd klebt unangenehm auf seinem im Staub liegenden Rücken. Alfred spürt eine Angst in sich aufsteigen, etwas Unheimliches, er fühlt sich plötzlich einem himmlischen Spuk ohnmächtig ausgeliefert. Etwas entgleitet ihm, er hat nichts mehr in der Hand, keine Lohnfortzahlungen und Aktionärsversammlungseinladungen, kein Gefühl für die üblichen siebzig Minuten der Spaziergangsrunde.

Er ist nicht einmal entsetzt über einen solchen Unterbruch seiner täglichen Gewohnheit. Es ist eine Leere da, ein Schwanken, jetzt in diesem Augenblick. Alles steht still, Farben und Formen beginnen sich zu verändern,

Konturen vor seinen Augen verschwimmen, die Landschaft vor ihm sieht wie eine *Wüste* aus, er hat das Wort in sich, es kommt ihm in den Sinn, daran wird er sich später noch erinnern können, eine *Wüstenei* aus fremden Steinen und hitzigem Flimmern und Staubwolken und Geröll und verbrannte Grasnarben und vor Schweiß brennende Augen und feuchte Hände und...

... dann sieht er die Erscheinung. Ganz plötzlich ist diese riesige Figur am Horizont da, ein noch nie gesehenes Wesen, eine Frau ist es, eine ältere, nein eine jüngere Frau, die, mit einem hellblauen Kleid bedeckt, ihn gütig ansieht und zu ihm spricht. Eigentlich weiß Alfred nicht, ob sie tatsächlich redet, denn der Sturm tobt in seinen Ohren mit voller Wucht und sein Gehör ist auch nicht mehr das Beste, seitdem ihm damals, vor über 40 Jahren, der aufbrausende Dorflehrer Heinrich einen Schlüsselbund an den Kopf geworfen und sein linkes Ohr getroffen hatte, so dass das Trommelfell zu irreparablem Schaden gekommen war. Aber die unbekannte Frau bewegt ihren Mund und winkt ihn mit ihrer rechten Hand zu sich. Er versucht, dieser Hand zu folgen, will etwas in ihrem Gesicht erkennen, möchte seine Angst besiegen, indem er sich erfolglos zu erinnern versucht, was ihn an diese früher so vertraute Stelle zwischen Schondorf und dem alten Weiher geführt hat. Alfred spürt tausend Fesseln, die ihn am Boden zurückhalten, denn aufzustehen und jener wunderbaren Erscheinung entgegenzulaufen ist nun, da er vollends kraftlos auf der Erde zittert, unmöglich geworden. Er versucht es mit einem lauten Schrei, aber auch die Stimme versagt ihm.

Früher versagte dem kleinen Alfred oft die Stimme. Er konnte nicht richtig reden in der Schule beim Lehrer Kretschmar. Bestimmte Buchstaben konnte er nicht aussprechen, g, k und r, und die Angst, zu stottern oder beim Stottern entdeckt zu werden, ließ ihn schwitzen und das Herz laut klopfen. Am schlimmsten waren infolgedessen immer die Leseübungen, wenn der Reihe nach, gnadenlos vorne links beim Erhards Hugo beginnend, die Sündenfallgeschichte oder Storms Schimmelreiter gelesen werden musste, immer pro Absatz ein Schüler, so dass sich Alfred frühzeitig ausrechnen konnte, wann es ihn beim Lesen erwischen würde, unweigerlich also, auch wenn dort ein Wort mit k oder g oder r gestanden hatte. Und dann musst er so tun, also habe er den Überblick verloren, als sei er nicht aufmerksam gewesen, und quälende Sekunden und Atemzüge lang irrte er im Text umher, wohl wissend, welche Zeilen nun gelesen werden müssten, bis endlich, zu seiner Erlösung, sein rechter Nachbar Jocks Bruno aufgerufen wurde, nicht ohne eine hämische Bemerkung des Lehrers freilich bezüglich Alfreds Tageträumen von schönen Mädchen, woraufhin die ganze Klasse lachen durfte. Und er schämte sich in Grund und Boden und wurde rot und wollte fliehen, hinaus oder hinunter in den Keller des Schulhauses, und sich dort verkriechen bis zum Ende der Deutschstunde oder bis zum Ende des Tages. Oder noch länger. Und dies alles wegen dieser verdammten Buchstaben.

So starrt er jetzt, jeder Möglichkeit zur Mitteilung beraubt, auf das freundliche Antlitz jener Frau, die ihn aus den Höhen herab anblickt. Er könnte nicht sagen, wie groß sie ist, wie weit oben oder hinten sie schwebt oder sitzt oder fliegt. Er weiß nicht einmal, ob sie die Erde berührt oder die Wolken über sich. Sie ist einfach wunderschön und noch sehr jung, wie er jetzt erkennt (an weitere Einzelheiten wird er sich später nicht mehr erinnern können), und er sieht ihre frauliche Gestalt sehr gut, obwohl das lange Gewand sie seltsam konturenlos erscheinen lässt.

Alfred erinnert sich in diesem Augenblick an ein altes Bilderbuch über das Seherkind Bernadette, welches er als Kind zu seiner Erstkommunion von Onkel Georg geschenkt bekommen hatte. Er hatte es oft betrachtet voller Verwunderung, was damals in Lourdes geschehen war. Und er sieht das Büchlein vor sich, die weich und farbig gezeichneten Szenen vom Himmel und vom Bänkchen auf dem Hügel, auf dem die kleine Bernadette mit gefalteten Händen kniet, den Blick mit großen verwunderten Augen nach oben gerichtet, und dass diese Erscheinung eine Frau ist. Und wie diese Frau der kleinen Bernadette irgendetwas mitteilt, dass sie wiederkommen würde, und dass Bernadette etwas Bestimmtes beten solle, damit etwas anderes nicht passieren würde. Verschwommene Erinnerungen steigen in Alfred hoch, und wenn er auch die Bilder dieser alten Erzählung aus längst vergangenen Kindertagen in lebendigen Farben vor sich sieht, sind ihm doch die genaueren Einzelheiten längst entschwunden.

Die Erscheinung in den Wolken, diese helle riesige Frau über dem Himmel von Schondorf, ist dem Bilderbuch gegenüber viel blasser, dafür jedoch umso wirklicher. Alfred schließt die Augen und öffnet sie wieder, sie ist noch immer da, er schließt sie und öffnet sie wieder und wieder, und die Frau bleibt einfach da, wo sie ist. Er versucht sich noch einmal aufzurichten und zu schreien, aber sein ganzer Körper scheint jeglichen Dienst zu verweigern, so dass seine Erinnerungen an Bernadette und die Bilder vor seinen Augen die einzigen Beweise dafür sind, dass er noch da ist, während die Anwesenheit der seltsamen himmlischen Frau scheinbar auch ohne sein Daliegen im Staub vor dem alten Dorfweiher unumstößlich ist. Sie ist einfach da, noch immer, wieder, immer noch, sie ist da und geht nicht fort, hält sich am Himmelsrand wie von unsichtbaren Fäden gehalten, sie bewegt sich in Zeitlupe, ist nah und fern zugleich, überdimensional groß und dennoch überschaubar, sie hat keinen Anfang und kein Ende, kein richtiges Oben oder Unten, sie schwebt und ihr weißes Kleid flattert sanft am Himmel und geht in eine große Wolke über, die langsam wegzieht. Und es ist still und heiß und es windet, und alles verschwimmt am Horizont, und es sind keine Schwalben zu sehen, und es ist nichts zu hören aus der Ferne, als ob er ganz allein wäre mit dieser Erscheinung, weit weg von jeglichen Spuren anderer Menschen. Sie ist da und schwebt, und Alfred liegt auf dem Boden und ist auch da, aber er könnte jetzt untergehen, in die Erde fallen, sich in den Keller verkriechen, wo die Erscheinung nicht mehr zu sehen wäre. Und er rührt sich nicht vom Fleck, ist gebannt, gefesselt wie an einem Marterpfahl, um den herum höhnende Geister tanzen, und *Alfred komm!* rufen und *Alfred was ist los mit dir?* und *Alfred, du bist verrückt!* Und die Stimmen hallen in seinen Ohren und vermischen sich mit der Wüste draußen und dem aufgewühlten Himmel *oben* und prasseln wie heftiger Regen auf Alfred *unten* nieder, der freilich nur klatschnass von der inneren Hitze am Boden liegt und seine Fassung verloren hat und den trockenen Staub in seinem ausgedorrten Mund schmeckt.

Aber dann, so plötzlich, wie sie über Alfred gekommen ist, verlässt ihn die Erscheinung auch wieder, sie verschwindet in den Wolkenbändern, geht ein in das Flirren des Himmels, verliert ihre Konturen und Bewegungen, wird unsichtbar. Alfred liegt wie betäubt am Boden, das Flimmern in der Luft hat aufgehört, und eine atemlose Stille umgibt nun Alfred, wie wenn er sich im Auge eines Taifuns befinden würde, und es dann ganz rasch wieder losbrechen wird, das Stürmische, Bedrohliche, die Wellen und das wilde Rauschen der Winde. Auf einmal sind, wie aus einer ganz anderen Welt, einige Vögel zu hören, und das Rattern eines nicht allzu fernen Traktors erfüllt die Luft und dringt langsam an Alfreds Ohr, während er noch immer da liegt, staubig und schwitzend, und ängstlich und staunend.

Als Alfred von seiner Starre erwacht, *weiß* er, dass ihm die Mutter Gottes erschienen ist, es ist ein stilles, irritierendes Wissen, es ist etwas, was er in sich sieht und dennoch kaum glauben kann. Es ist ihm fremd und unheimlich zumute, der Himmel ist nun wolkenverhangen, er sieht aus wie vor jedem Gewitterregen, so als wäre nichts passiert und als wäre es ein lebhafter Traum voller scharfer Bilder und Konturen gewesen. Aber er hat die Erscheinung gesehen! Und er erinnert sich, dass es so still war vorhin, dass die Schwalben ihren Flug unterbrochen hatten, dass der Wind nicht zu hören war, dass er sich in einer unzugänglichen Einöde befunden hatte, dass Schondorf oder auch jede andere menschliche Behausung weit weg zu sein schien, während er auf dem Boden lag. Er sieht den Staub auf seiner Hose, den braunen Fleck am linken Unterarm seines Hemdes, da, wo er sich aufgestützt hatte, als er auf die Erscheinung zugehen wollte, das Hemd klebt ihm noch immer am Rücken, er hat sehr geschwitzt, seine Brillengläser sind voller Feuchtigkeitsspuren, die Blicke verschwommen. Und er denkt, dass es ganz still war in dieser Zeit vorhin, aber Alfred konnte nicht sagen, wie lange diese Stille gedauert hat, er hat jedes Zeitgefühl verloren, die Orientierung ist ihm abhandengekommen, er spürt Verwirrung und etwas abgründig Fremdes.

Bald darauf oder irgendwann einmal, so genau wird er es später nicht mehr sagen können, kommt er wieder ganz zu sich, hört den Traktor deutlich, erkennt in ihm die Maschine von Egers Toni, der hier irgendwo seine Weizenfelder haben muss, er sieht in der Ferne den Wasserturm, ein Beweis dafür, dass er sich tatsächlich in der Nähe von Schondorf befinden muss, dass es das Dorf noch gibt und die Häuser und die Menschen und das Leben. Und Alfred erinnert sich auch, weshalb er hier ist, und er weiß, dass sein Abendspaziergang einen Anfang hatte, und jetzt zu Ende geht, und dass zuhause Schinken und Eier noch immer auf ihre Zubereitung warten. Und dass der Alltag nie mehr so sein wird wie bisher. Und dass es Zweifel an allem geben wird, was jetzt noch kommen würde.

III. Credo

Schon oft ist die Muttergottes der Menschheit zu unterschiedlichen Zeiten und an verschiedenen Orten der Welt erschienen. Meistens blieben bei diesen Erscheinungen die Gelehrten ausgeschlossen, und keinem einzigen Bischof war es bisher gelungen, Zeuge ihrer Sichtbarwerdung zu sein. Aber die einfachen Menschen in Lourdes, Fatima, Heroldsbach, Guadeloupe und an vielen anderen Orten hatten die Ehre, Träger einer himmlischen Vision zu sein und irgendwelche Botschaften zu empfangen, um dadurch mit einem Augenblick aus der Unbedeutendheit des bisherigen Lebens herausgeholt zu werden und der Menschheit etwas Wichtiges mitzuteilen. Und so betete man in Schondorf, im Mai und im Oktober, bei den frommen Andachtsübungen:

Wir grüßen dich Maria, Gottesgebärerin
Ehrwürdiger Schatz der ganzen Welt
unverlöschliches Licht
Krone der Jungfräulichkeit

Zepter der Rechtgläubigkeit
unzerstörter Tempel
Gefäß des Unfassbaren
Mutter und Jungfrau
deinetwegen wird in den Evangelien hochgelobt,
der da kommt im Namen des Herrn
Gruß dir, die du den Unfassbaren
im heiligen, jungfräulichen Schoss geboren
durch dich wird die Dreifaltigkeit geheiligt
durch dich wird das Kreuz ehrwürdig genannt
und angebetet auf der ganzen Welt
durch dich frohlockt der Himmel
durch dich freuen Engel sich und Erzengel
durch dich werden die bösen Geister in die Flucht gejagt
durch dich ist der Versucher, der Teufel,
aus dem Himmel gestürzt
durch dich wird das gefallene Geschöpf in den Himmel erhoben
durch dich ist die ganze Schöpfung,
im Götzenwahn gefangen,
zur Erkenntnis der Wahrheit gelangt

Die himmlische Frau, das hatte auch Alfred aus den Erzählungen seiner Mutter gewusst, war bisher stets nur bereit gewesen, vor armen, ungebildeten und unauffälligen Geschöpfen, zumeist Kindern in einem tief gläubigen Umfeld, zu erscheinen. Vielleicht wäre es anderswo für sie, die himmlische Frau, zu stürmisch gewesen, weniger behaglich, oder sie hätte die Hindernisse von Spott und Zweifel nicht überwinden können. Vielleicht konnte sie sich unter Kindern auch besonders wohl fühlen, weil ihre Größe und Göttlichkeit umso mehr erstrahlte, desto einfacheren Gemüts ihre Gegenüber waren, welchen sie erscheinen wollte, auch wenn damit noch immer keineswegs klar gesagt war, weshalb überhaupt solche Mirakel stattfinden, ob sie die Menschen etwa besser machen oder ob sie sie bewahren vor dem Zorn Gottes, von welchem in Lourdes oder in Guadeloupe, aber auch in Heroldsbach, stets die Rede war, beängstigend, unerbittlich und drohend.

Bemerkenswert erscheint, dass seit 1933 keine der angeblich Hunderte von Marienerscheinungen kirchlicherseits anerkannt wird. Damals, 1933, erschien die Mutter Gottes im belgischen Beauraing und Banneux (und in Deutschland kam der Führer an die Macht), und damit schien eine lange spektakuläre Serie von Erscheinungen, beginnend mit der Rue du Bac, 1830, dann La Salette 1846, Lourdes 1848, Pontmain 1871 und Fatima 1917 abgeschlossen zu sein.

In Fatima war es besonders schlimm gewesen mit der Erscheinung. Dort gebärdete sich die himmlische Frau wie eine Schlachtenlenkerin, Überwinderin jeglichen Irrglaubens und ließ schauderhafte Einblicke in den Höllenschlund gewähren. Es war ja auch eine schreckliche Welt damals gewesen! In Portugal musste die Kirche schon seit längerem um ihren materiellen Bestand fürchten, aber auch anderswo bebte die geistliche Erde. Der Kirchenstaat in Italien war erobert und der Papst sein eigener Gefangener im Vatikan, auch Spanien und Frankreich wurden antikirchlich, oder besser gesagt, *aufgeklärt*, und im fernen Russland gab es eine Revolution und fast überall auf der Welt waren die furchtbaren Schrecken des Ersten Weltkrieges und der ebenfalls Millionen dahinraffenden Spanischen Grippe zu spüren, als im kleinen unbedeutenden Fatima drei Hirtenkindern, Lucia, Francisco und Jacinta, am 13. Mai 1917 *Unsere Liebe Frau am Firmament* erschien, einige Male waren auch andere himmlische Personen dabei. Ja, die Kinder sahen *den Heiligen Josef mit dem Jesuskind* und *Unsere Liebe Frau in Weiß gekleidet mit einem blauen Mantel*. Und der heilige Josef mit dem Jesuskind schien die Welt mit einer Handbewegung in Kreuzesform zu segnen. Die Muttergottes war jedenfalls immer da an jedem Dreizehnten des Monates bis zum Oktober hin. Die drei Kinder waren zehn, neun und sieben Jahre alt und sehr religiös gewesen, und ihnen wurde immer die Christenlehre erteilt. Und als einmal Francesco einige unanständige Worte gebrauchte, habe ihn die Mutter streng getadelt, dass man solche hässlichen Dinge nicht sage und „dass es das Jesuskind nicht möge" und „es würde die Menschen, die sündigten, in die Hölle schicken, wenn sie nicht beichten", so hatte es jedenfalls die überlebende Lucia später in ihren Erinnerungen 1975 erzählt. Und allerhand Schauerliches wusste Maria, so Lucia, zu berichten, und sie seien auch aufgefordert worden, mit Ergebung „alle Leiden" zu tragen, die ihnen *der Herr* zur Rettung Portugals und der ganzen Welt, vor allem auch des gottlosen Russlands, schicken wollte. Lucia freilich war schon bei ihrer einige Jahre vorher stattfindenden ersten Heiligen Kommunion so erschüttert, wie sie später erzählte, dass sie sich *„durch das Brot der Engel so gesättigt"* fühlte, dass es *„mir fürs erste unmöglich war, irgendwelche Nahrung zu mir zu nehmen. Von da an verlor ich den Geschmack und die Anziehung, die ich für die Dinge der Welt zu spüren begonnen hatte"*. Und bei einer Erscheinung waren die drei sogar auf die Idee gekommen, sich einen Wagenstrick um die Hüften zu binden, was ihnen besonders weh tat, um dieses Opfer *„Gott anzubieten"*, und sie liefen absichtlich barfuß in Brennnesseln umher und hungerten und quälten sich.

Ja, diese Erinnerungen Lucias machten deutlich, welches Klima es offenbar für solche Visionen und Erscheinungen brauchte, welche überhitzte Stimmung, welche psychotischen Sündenängste (hätte der Doktor von Schondorf gesagt, der viel von Freud gelesen hatte), welche masochistischen Selbstquälereien, welches stundenlange Knien. Auch wenn heute Fatima so viele Millionen Anhänger unter der Katholikenschar hat, so ist doch nicht zu übersehen, dass die von den drei Kindern propagierte Mentalität religiöser Bußleistungen das Gottesbild aus der Bibel irgendwie verfälschen musste: das Bild eines Gottes, der wegen Sünden beleidigt ist, der ewige Strafen verhängt und gleichzeitig die Ausführung dieser Foltern von den Opferleistungen dreier Kinder abhängig macht, die nicht lesen und schreiben konnten. Ja, der Doktor hätte gesagt, dass solche ständigen Aufforderungen zum *Infantilismus* bei vielen gefährdeten Menschen deren Widerstandskräfte schwächten und ihre Neurosen verstärkten.

Dass er, Alfred, nicht zu dieser Gruppe von Menschen gehörte, sei es, dass er sich nicht für nicht besonders ungebildet hielt, sei es, dass er nicht zu den Ärmsten im Dorf gehörte, sei es, dass er bisher über keine heftigen psychosomatische Beschwerden zu klagen hatte und auch sonst, wie schon gesagt, keine besonderen Auffälligkeiten zeigte, wenn man von Gelis Gerede einmal absah und nicht jedes Wort hinter Pauls Ladentheke für bare Münze nahm, war für ihn bisher ohne jegliche Bedeutung gewesen, denn er hatte ja unter keinen Umständen damit gerechnet, auch einmal in seinem Leben von *dieser* Frau beehrt zu werden. Religiös freilich war er seit seiner Kindheit und so wäre es zumindest unter diesem Blickwinkel nicht gänzlich überraschend gewesen, dass ihn an jenem Tag diese Erscheinung ereilte. Alfred konnte sich ja gut daran erinnern, dass er als Kind, nachdem die Mutter *„Müde bin ich, geh zur Ruh'“* mit ihm gebetet und das Licht gelöscht hatte, immer noch im halbdunklen Zimmer die vergilbten Vorhänge betrachtete, weil er irgendwann einmal gehört hatte, dass der Erscheinung der himmlischen Frau ein leichter Wind vorangehen würde und somit die Vorhänge sich hätten bewegen müssen, bevor Maria in die Stube eintreten würde. Und er hatte sich oft, schon halb in die Träume hinübergleitend, vorgestellt, dies könnte auch ihm passieren, nicht weil er besonders fromm gewesen sei, sondern eher, weil die Mutter Gottes aus irgendeinem unerfindlichen Grund genau *ihn* beglücken wollte. Seine kindliche Fantasie war vor allem vor seiner ersten Heiligen Kommunion angeregt, wo er sich Gott so verbunden fühlte, dass auch dessen Mutter zum Greifen nah zu sein schien, nicht so nah freilich wie bei der kleinen Lucia aus Fatima. Ja, er wollte damals sogar fasten und auf die wenigen Zuckerspeisen verzichten, welche seine Mutter an jedem Feiertag und an den Sonntagen, an denen Onkel Franz mit Tante Frieda zu Besuch kamen, den Kindern nicht gerade großzügig verteilte. Dies hätte, so dachte der kleine Alfred, die Muttergottes sehr rühren müssen, dass sie noch mehr an ihrem Alfred hängen würde, wo doch Brigitte selber oft so abweisend war zu ihren Kindern, vor allem aber zu Alfred, weil er eben nicht so ein kluger Junge wie Josef war und man für ihn keine großen Pläne schmieden konnte.

An diesem heiß-schwülen Sommertag im Jahre 1982 war dies alles Alfred freilich noch nicht bewusst, da er unter einem solchen Schock stand, dass er nicht mehr Herr seiner selbst war und nach diesem Ereignis zunächst einmal keines klaren, eines Büroangestellten mit dreißigjähriger Erfahrung würdigen Gedankens fähig war.

Über ein letztes freilich dürfen wir an dieser Stelle nicht hinwegsehen: *Beweise* für die Echtheit der Erscheinung der himmlischen Frau an jenem Tag in diesem Dorf vor den Toren Helmstadts waren in inquisitorisch-kriminalistischer Sicht der Dinge nicht zu finden, und auch später sollte es Alfred nicht mehr gelingen, diesbezüglich nachprüfbare Aussagen zu machen. Da aber sein Ruf tadellos war, er noch keinen Pfennig unterschlagen hatte, in den dreißig Dienstjahren noch keinen einzigen Tag wegen Krankheit gefehlt und bisher noch nie Anlass zu irgendwelchen Beanstandungen seiner Arbeit im Lohnbüro der Kugellagerfabrik gegeben hatte, lässt dies alles eine gewisse Zuverlässigkeit auch seines *Erlebens* nicht ausschließen. Und weil er eben zudem bisher auch keine psychischen Anomalitäten zeigte und ohne pathologische Auffälligkeiten zu sein schien, also als ein in zumindest geistiger Hinsicht durchaus gesunder Mann zu bezeichnen war, wäre es auch schwer gefallen, die Erscheinung, die ihm bei diesem Abendspaziergang geradezu überfiel und mit Macht zu Boden schleuderte (wo er doch bisher in seinem Leben stets *standhaft* gewesen war), in das Reich der Fiktion oder Tagträumerei zu verweisen. Dass er also Zeuge irgendeines überirdischen Besuchs aus dem Himmel geworden war, möge nicht bezweifelt werden.

IV. Alte Spuren

Alfred Kummer war alleine im Dorf, ja irgendwie auch alleine auf dieser Welt, vielleicht ein einsamer Mensch sogar, hin und wieder. Er hatte seine beiden Brüder Josef und Karl, die acht und sechs Jahre älter als er waren, am Ende des Zweiten Weltkrieges 1944 irgendwo an der Westfront, wahrscheinlich in der Normandie, verloren. Beide waren nach ihrem letzten Einrückungsbefehl noch zweimal von der Front nach Hause gekommen und sogar am Weißen Sonntag 1944 in der Kirche von Schondorf gewesen. Aber dann kamen sie eben nicht mehr heim und waren irgendwo auf einem Schlachtfeld in einem einsamen Graben gefallen. Dass die weißen Fahnen im Frühjahr '45 gehisst wurden, war also für die beiden Brüder zu spät gekommen.

Aber auch zu Lebzeiten seiner Brüder erlebte Alfred keine Familienidylle, denn als er im Winter 1929 eine Woche vor Weihnachten zur Welt kam, war es zwar ein überraschend milder Dezember gewesen, so dass das Neugeborene mit einer ebensolchen *milden Kindheit* zu rechnen gehabt hatte, wie eine alte Bauernregel vorgab. Auch wenn niemand so genau hätte sagen können, was unter einer dergestalt milden Kindheit zu verstehen sei, so gab es doch die feste Grundüberzeugung, dass es manchen Menschen unverhofft gegeben wäre, von den Grundübeln damaliger Kindheitserlebnisse wie Trunkenheit und Schläge verschont zu sein, so als würde Gott in seiner erhabenen Macht, ohne erkennbaren Grund, in die Unbedeutendheit eines winzigen Menschenlebens eingreifen, dieses sozusagen mit einer Glückshaut überziehen und diese unsichtbare Tat mit einem milden Wintermonat ankündigen, in welchem ein Menschlein auf diese kalte Erde geworfen werden würde.

Aber schon früh zeigte sich, dass vor allem der arme Alfred unter dem Jähzorn des Vaters Emil zu leiden hatte. Es wurde geschwiegen und man ängstigte sich, wenn er abends vom Feld heimkam. Alfred war stets bemüht, sich die Erleichterung über das Ende des täglichen Abendmahles nicht allzu deutlich anmerken zu lassen. Wenn nämlich die Teller verräumt und die Abendgebete verklungen waren, zog sich Emil in die Stube zurück, um *über die Bücher* zu gehen, wie die Mutter immer erklärte, ohne dass es der kleine Bub hätte verstehen können, um welche Bücher es sich dabei handeln würde. Später dann, als der Krieg bereits ausgebrochen war, gab es im Hause Kummer einen Volksempfänger, der in den Abendstunden aus der Stube rauschte. Auf jeden Fall wusste der kleine Alfred stets, dass er jetzt, mit dem abgeräumten Tisch, auch keinen väterlichen Wutausbruch mehr zu befürchten hatte oder dass ein solcher zumindest auf den nächsten Tag verschoben war.

Als Alfred drei Jahre alt war, kam Hitler an die Macht und Emil war, wie Alfred Kummer nach dem ganzen furchtbaren Spuk mehrmals aus Andeutungen seiner damals noch lebenden Verwandten erfahren musste, dem aufkommenden Nationalsozialismus durchaus nicht abgeneigt. Als freilich 1938, während der Reichskristallnacht, auch im Nachbardorf Preisgau das Geschäft des Schumachermeisters Braunschweig in Schutt und Asche gelegt wurde, konnte eine Mittäterschaft Emils nicht eindeutig nachgewiesen werden, obwohl er damals, wie einmal Alfreds Mutter Brigitte erzählte, regelmäßig zu seinen Kameradschaftsabenden ins benachbarte Gasthaus *Zum Ochsen* pilgerte, wo erhitzte Gemüter mit stumpfen Stammtischparolen über ihren Biergläser brüteten und von *neuen Zeiten* träumten. Zuhause hatte er über seine heimliche Sympathie mit der SS nie gesprochen und konnte sich auch nach dem Ende des Spuks 1945 immer mit der Behauptung rechtfertigen, niemals *richtig* Mitglied gewesen zu sein. Und Alfred hatte nie so genau verstehen können, ob es denn auch ein Gegenteil von davon geben könnte: auch ein *falsches* Mitglied sei doch zumindest großer Sympathisant, wie er dachte, es aber seinem Vater nie vorzuwerfen getraute.

Wie auch immer war Emil Kummer in jeder Hinsicht ein Vater, der mit Unerbittlichkeit seinem Sohn alle teutonischen Tugenden, wenn nötig auch mit Gewalt, einbläute, und der verängstigte folgsame Junge konnte sich naturgemäß oft nur noch in die Arme der gütigen, aber gleichfalls ohnmächtigen Mutter flüchten, die ihn dann abends, nach dem *Angelus Dei*, wenn der Tisch aufgeräumt war, im Bett zu trösten pflegte, dabei aber dennoch pflichtgemäß, wie es sich für eine gute deutsche Mutter gehörte, den rabiaten Vater in Schutz nahm und den Kleinen ermahnte, eben noch gehorsamer zu sein, um ihn nicht zu reizen.

Einmal freilich, als der Wehrmachtsbrief mit der Todesnachricht von Josef kam, sah Alfred seinen Vater auch hemmungslos weinen und klagen, denn an seinem Ältesten war er sehr gehangen und im ersten Anflug der Verzweiflung verfluchte er den verdammten Krieg. Nur sieben Monate später jedoch, als es gewiss wurde, dass auch Karl nicht mehr heimkommen würde, redete Emil schon wieder irgendwas von einer grausamen Notwendigkeit, während Alfred mit verheulten Augen seiner im alten Zimmer der Großmutter aufbewahrten grauen Kinderpuppe beide Arme ausriss. Und dazu fast endlos lange schrie.

Alfred hatte es dem sinnlosen Martyrium seiner beiden Brüder zu verdanken, dass er selber nicht auch noch im letzten Aufgebot für den Volkssturm einrücken musste, als Anfang '45 die Russen immer näher von Dresden und Erfurt herkamen und alles längst verloren war. Seine Dankbarkeit für dieses ungewollte Opfer der beiden älteren Brüder hielt sich aber in Grenzen, denn eine richtige Jungenfreundschaft hatte es zwischen den Dreien nie gegeben; zu unterschiedlich waren sie gewesen, als dass eine engere Bande hätte entstehen können.

Alfred Kummer war ein Schwächling, so hatte es geheißen beim Lehrer Kretschmar und beim Schondorfer Pfarrer Hochwürden Dr. Bohr, und er überragte auch intelligenzmäßig seinen Vater um keinen Deut (wie man dachte), während Josef schon früh in der Volksschule als Klassenbester auffiel und trotz ärmlichster Verhältnisse aufgrund eines privat vom Herrn Pfarrer gewährten Stipendiums ins Helmstadter Stift zu den Augustinerbrüdern gehen durfte, um sich der lateinischen Sprache zu widmen. Und später sollte er dann einmal aus Dankbarkeit der Berufung Gottes gegenüber ins Priesterseminar eintreten. Auch wenn der Kriegsausbruch – Josef war siebzehn und hatte noch zwei Jahre bis zum Abitur vor sich – diese göttliche Zielstrebigkeit zum Scheitern verurteilte, so war er doch immer, auch viel später, wenn die Mutter beim allabendlichen Gebet die verblichenen Fotos der beiden Buben in stolzer Soldatenhaltung auf den

Küchentisch legte, das geniale Kind gewesen, auf das alle hätten stolz sein können, hätte er doch nur überlebt.

Und auch Karl stand in der Gunst seiner Eltern durchaus höher als der unglückliche Alfred, da jener zwar nicht nach Helmstadt gehen, aber doch wenigstens auf die landwirtschaftliche Schule ins nahe gelegene Kloster geschickt werden sollte, während bei Alfred keine besonderen Talente entdeckt worden waren.

Wohl war er am Kriegsende, gerade einmal fünfzehn Jahre alt, von der Mutter Brigitte als ihr einziges den Hitlerwahnsinn überlebt habende Kind aufrichtig geliebt worden, aber Alfred wollte dennoch nie ganz an die Gerechtigkeit glauben. Natürlich hätte es sein einfaches Gemüt nicht zugelassen, seiner Mutter wenigstens einmal diese entscheidende Frage zu stellen; und vor Vater Emil gebot es ihm schon allein die Angst vor dessen widerwärtigen Ausbrüchen, diesbezüglich zu schweigen. Aber im Innern wusste Alfred immer, dass ihn die Zuneigung seiner Eltern nie aus seiner Position als einsamer Schwächling zu befreien vermochte, so durchsichtig war in jenen Tagen das Familienleben von Familie Kummer.

Als Emil 1955 bei einem nie restlos aufgeklärten Arbeitsunfall in einer der Fabriken Helmstadts starb, hatte Alfred selbst zwar schon seine einfache kaufmännische Ausbildung abgeschlossen und hatte auch bereits einmal ein

Mädchen mit nach Hause gebracht, aber in der Gunst seines Vaters stand er noch immer so weit unten, dass er zwar den plötzlichen Tod seines ihn verachtenden Vaters wie einen Schock erlebte, aber eine echte Trauer nie aufkommen wollte und er sich auf der Beerdigung zu einem betrübten Gesicht regelrecht zwingen musste, während seine Mutter mit tief verweinten Augen am Sarg stand und nun wusste, dass die kärgliche Entschädigung der Fabrik und eine ebenso knapp bemessene Hinterbliebenenrente das ohnehin armselige Leben noch weiter beschränken würde.

Und auch die arme Brigitte war nun allein, denn ihr inzwischen erwachsener Sohn teilte längst nicht mehr das abendliche Gebet in der Küche, sondern zog sich in seine Kammer zurück, weil er das religiöse *Geschnattere*, so wie er sich ausdrückte, nicht mehr ertragen wollte und auch an der in der Küche seit je her hängenden Schönstatt-Muttergottes keinen Gefallen mehr zu finden vermochte, auch wenn ihm deren milde Augen und das unendlich gütig blickende Jesuskind nie ganz gleichgültig waren. Bisweilen, wenn er doch mal aus seiner Kammer hervorkam und sich wenigstens vor dem Maialtar mit seiner Mutter versammelte, überkam ihn sogar eine leichte Gänsehaut, weil ihn die Muttergottes so verständnisvoll anschaute und weil ihm die alten Lieder ans Herz gingen und letzte, doch nicht ganz trostlose Erinnerungen aus seiner Kindheit vor dem Krieg aufsteigen ließen.

Ebenso plötzlich wie seinen Vater ereilte auch die Mutter ein schneller Tod durch einen Herzinfarkt. Dieses Ende, im Frühjahr 1961, wurde von Alfred umso aufrichtiger betrauert, da er nun wirklich niemanden mehr hatte und sich vor der Leere im Elternhaus tagtäglich mehr fürchtete, obwohl er nun ja schon bald zweiunddreißig Jahre alt war und seinen Platz in Schondorf längst hätte einnehmen müssen. Und weil Alfred keine Frau finden konnte, die es bei seiner Unauffälligkeit, dem leichten Hang zur Trübsinnigkeit und vor allem bei der Ereignislosigkeit seiner Lebenswelt hätte aushalten können mit ihm, blieb er also *auf der Strecke*, wie es zumindest nach außen aussehen musste.

Es gab stets allerlei Spekulationen hinter Pauls Ladentheke, warum die Hermanns und Rudis und Alfreds dieser Welt, naturgemäß die von Schondorf, keine Frau finden konnten. Äußerliches Aussehen wurde nicht als wichtig erachtet, denn sonst hätte so mancher schon recht früh vom steten Alkohol mit einem rötlichen Gesicht geplagte Schondorfer auf der Strecke bleiben müssen und auch beim Schmids Sepp, dessen Nase auf eine eigenwillige, ja fast schon bösartig anmutende Weise gekrümmt und verbogen war, hätte sich das Eheglück nicht einstellen dürfen. Sicherlich war auch der Hermann nicht zu den attraktiven Männern zu zählen gewesen, und selbst dem Alfred maß man keine besondere Gestalt bei. Daran konnte es also nicht liegen! So vermutete man in Schondorf andere Gründe dahinter, wenn jemand nichts finden konnte *auf dem Parkett*, wie es geheißen hatte.

Es war sicherlich bei allen dreien die fehlende Mitgift, die Armutsströme gewissermaßen, die von den Vätern auf die Söhne unaufhaltsam übergegangen waren. Aber darüber hinaus dachte man in Schondorf auch, dass jemand *nicht ganz richtig* sei, womit man auszudrücken versuchte, dass etwas nicht stimmen könnte *mit der Veranlagung*, wie es noch verschämter fast geflüstert wurde. Und das sei doch ein gewichtiger Grund, weshalb jemand *auf der Strecke bleiben* und keine Frau finden würde. Die unglückselige Koalition mit den anderen dorfbekannten Junggesellen Hermann und Rudi wurde dem armen Alfred also praktisch unter der vorgehaltenen Hand aufgezwungen. Aber sie entbehrte jeglicher Grundlage.

V. Thea

Natürlich hatte es auch bei Alfred ein zartes Pflänzchen von schönen Augen und immer wiederkehrenden kurzen Hoffnungen gegeben, welche er mehr mit Mühe als mit Leidenschaft, aber doch mit einem inneren Schauder zu pflegen wusste. Da ging es ihm nicht anders als den anderen Männern von Schondorf, und damals war noch nicht absehbar gewesen, dass er einmal Anlass zu Gerede und Mutmaßungen geben würde. Am Ende der Schulzeit waren einige Jungen aus Schondorf bereits beim Kriegerdenkmal in der Dorfmitte gegenüber dem Pfarrhaus versammelt in den lauen Sommerabenden, um auf den Bänkchen mit irgendwelchen Mädchen *herumzumachen*. Alfred war zu jener Zeit noch nicht dabei gewesen, er war auf eine eigenartige Weise unsichtbar, nach der Schule sozusagen verschluckt von einem Nebel, nie anzutreffen und gänzlich unauffindbar, wenn es um ein gemeinsames Fußballspiel auf dem Rumpelplatz beim Wasserturm gegangen wäre. So hatte man im Nachhinein gar nicht mehr so genau sagen können, wann und vor allem *wie* seine Geschichte mit Thea Bretscher überhaupt angefangen hatte, galt doch Alfred als sehr zurückhaltend, schüchtern, ja einige hatten gemeint, verstört und eben *nicht so richtig im Kopf*, wiewohl niemand damals in der Lage gewesen wäre, eine solche Diagnose zu präzisieren, geschweige denn konkrete Anzeichen dafür benennen zu können. Aber das mit der Thea war, wie alle im Nachhinein dann wussten, eine Episode mit unendlich langen Nachwehen.

Es war im Sommer 1966 gewesen während des denkwürdigen Weltmeisterschaftsfinales von Wembley, als im Pfarrsaal von Schondorf, in welchem ein kleiner Schwarzweißfernseher aufgestellt wurde, sich beim letzten, mittlerweile legendären Tor der Engländer lähmendes Entsetzen breit machte, das auch Alfred überfiel, der damals dem Spektakel beiwohnte. Der Fernseher gehörte Bruno Bretscher, dem Bürgermeister von Schondorf, der immerhin über zwei Jahrzehnte die Geschicke des Dorfes leitete, bis er 1980 noch nicht sehr alt, aber schwer krebskrank, im Juliusspital von Würzburg einschlafen durfte. Er war es, welcher damals als einer der ersten in Schongau einen Fernseher besessen hatte und diesen als eine wohlüberlegte Geste vor der im Herbst ‚66 stattfindenden Kommunalwahl für dieses Ereignis großzügig zur Verfügung stellte. Thea war seine älteste Tochter, eigentlich eine *gute Partie*, wie es bei Paul immer geheißen hatte, denn Bruno hatte neben seinem Politikeramt auch über zwanzig Hektar Feld und mindestens dreißig Milchkühe im Stall, womit er zu den drei größten Bauern von Schondorf gehörte. Da sein einziger Sohn Klaus schon sehr früh ins Augustinerstift zum Abitur geschickt wurde, weil er Medizin studieren wollte, wurde es durchaus für möglich gehalten, dass einmal Thea, sollte sie einen entsprechenden Mann finden, den väterlichen Hof übernehmen könnte. Und weil das Fußballfinale kurz vor den Wahlen stattfand, musste auch Thea anwesend sein, wenn Vater Bruno sein Spenderherz ausschüttete. Dabei hätte es dieser Geste gar nicht bedurft, denn es gab keinen ernstzunehmenden Gegenkandidaten für den CSU-Mann Bretscher, welcher schon 1960, damals noch relativ jung und unerfahren in der Landespolitik, über 80 % der Stimmen erhielt. Thea also stärkte ihm für die Wählergunst den ohnehin breiten Rücken, obwohl sie sich wohl kaum für das Gekicke auf dem Bildschirm interessierte. Aber das war natürlich nicht der Anfang, es war eher eine ungewöhnliche Fortsetzung des Anfangs, der damals alle Beteiligten überraschte.

Alfred und Thea kannten sich schon lange, sehr lange, eigentlich von Kindestagen an. Es war jedoch eine dörfliche, unschuldige Freundschaft gewesen, keine Beziehung, der man etwas Besonderes hätte beimessen können. Sie waren schon in den letzten Kriegsjahren zusammen in der Schule gewesen. Obwohl Thea zwei Jahre jünger war, saßen sie doch im gleichen Klassenzimmer von Schondorf, manchmal sogar nebeneinander in derselben Bank. Eigentlich hatte es überhaupt nur ein Klassenzimmer gegeben, in welchem sämtliche acht Volksschulklassen unterrichtet wurden und jeweils die Ältesten auf die Jüngsten aufpassen mussten. Und nur ein kleines Nebenzimmer gab es noch, in welchem Herr Kretschmar und der Herr Pfarrer die wenigen Buben, unter ihnen auch Alfreds Bruder Josef, für das Gymnasium im Stift vorbereiteten, immer in der letzten Vormittagsstunde jeweils am Montag und am Mittwoch, in der dann Alfred, als er zu den Ältesten gehörte, für den Unterricht in Erdkunde und Mathematik zuständig war, obwohl er selber nicht gut rechnen konnte und des Öfteren verspottet wurde, wenn er seine Rechentafel zwar offensichtlich bedienen, sie aber nur mit ungelenken Worten erklären konnte. Damals war er natürlich im Schatten seines großen Bruders gestanden, welcher einer der wenigen Schüler gewesen war, der niemals eine *Kopfnuss* vom Herrn Pfarrer erhielt. Während die Mädchen mit dem Stock einige leichte Schläge auf die Finger bekamen, wenn sie zu lange aus dem Fenster geschaut oder beim Lesen nicht die richtige Stelle gefunden hatten, erhielten die Buben den gefürchteten, weil sehr schmerzhaften Schlag auf den Kopf. Doch der Schatten des Bruders war noch größer geworden, als Josef 1939, kurz vor dem Ausbruch des Großen Krieges, die Volksschule verließ, um täglich mit dem Milchwagen ins nahe gelegene Stift zu kutschieren.

Hin und wieder war auch Thea in seiner Gruppe, und sie konnte die Hauptstädte fast aller Länder immer so schön aufsagen, dass manchmal Alfred selber stolz wurde und sich fragte, ob er nicht auch einmal Lehrer so wie Herr Kretschmar werden sollte.

Seitdem also kannten sich Alfred und Thea, und die Stunden, welche sie zusammen auf dem Schulhof vor der Kirche verbrachten, waren ungezählt. Vielleicht war Alfred sogar damals schon ein wenig verliebt gewesen in sie, und da er wusste, dass sie bei der Messe immer vorne in der ersten Reihe saß, freute er sich besonders auf seinen ersten Ministranteneinsatz, bei dem er von seinem Stühlchen aus, es war eine sehr kalte Maria Lichtmess gewesen, während der Herr Pfarrer zum Hochaltar gewandt war, verstohlen seine kleine Thea betrachten konnte, die unbekümmert in ihrem kleinen Messbüchlein „Der liebe Heiland" herumblätterte. Irgendetwas hatte sich damals im kleinen zehnjährigen Alfred geregt, etwas Unzerstörbares, so schien es, inmitten der beginnenden Zerstörung in Europa, etwas Sanftes in der Rauheit von Kummers Hof, ja etwas Freies inmitten der dumpfen, katholisch-nationalsozialistischen Schondorfer Welt.

Und wenige Jahre später, als diese Begegnung in der Kirche längst vergessen war, kam Theas Mutter zum Kondolieren, weil Josef und Karl so kurz hintereinander ihr Leben gelassen hatten für diesen *sinnlosen Krieg*, wie sie sagte, und sie hielt dabei Thea an ihrer Hand, während sie etwas unsicher in der Haustüre standen. Und das Mädchen betrachtete den verweinten Alfred, der von den Tönen seiner Mutter ganz verwirrt war, weil diese niemals zuvor so offenkundig gegen den Krieg gewesen war, wie sie es jetzt in ihrer Trauer zugeben konnte. Und wieder war da bei Alfred, jetzt schon ein vierzehnjähriger Jüngling, dieses besondere Pochen im Herzen, als ihm Thea zum Abschied die Hand gab und sich sogar noch einmal umdrehte, nachdem sie mit Frau Bretscher soeben gegangen war.

1947 zog Thea dann von Schondorf weg, um bei einer Apothekerfamilie in Münnerstadt im Haushalt zu arbeiten, während Alfred für seine kaufmännische Lehrzeit nach Helmstadt in ein Papierwarengeschäft ging, jedoch noch in Schondorf wohnen blieb. Und die beiden verloren sich etwas aus den Augen, aber nie ganz aus dem Sinn. Alfreds Schulkameraden, Hugo, Toni und auch der Gebhard, hatten längst ihre Mädchen. Hugo war dann sogar der erste von ihnen, welcher 1956 geheiratet hatte, aber Alfred blieb *auf der Strecke*, wie es einmal der Schmid Michel, ein alter Freund von Alfreds Vater, als Erster etwas verächtlich ausdrückte. *Alfred, der auf der Strecke blieb*, wurde zu einem geflügelten Wort, jedenfalls war das eine weit verbreitete, aber wenig ehrenhafte Titulierung für den Junggesellen, welche bis 1966 längst Allgemeingut in Schondorf gewesen war.

Natürlich war Thea immer wieder in Schondorf gewesen, bei der Kirchweih hatte sie sogar mit Alfred getanzt. Und auch das Seefest besuchte sie mit ihren Eltern, mit neugierigen und stumm fragenden, jedoch durchaus respektvollen Blicken bedacht, war sie doch jetzt die Tochter des Bürgermeisters. Es ist immer die Frage gewesen in Schondorf, wenn jemand so wie Alfred *auf der Strecke* bleibt, warum dies so sei, weshalb sich denn keine Ehe anbahnen ließ.

Ja, auch Alfred erstaunte es, dass sie, nun bereits 34 Jahre alt, noch immer alleine war, oder, besser gesagt, schon wieder alleine war, weil sie die Verlobung mit dem ihr eigentlich zugedachten Vereinsvorsitzenden der Sportriege, Heinrich Erhard, aufgelöst hatte, was in Schondorf einer kleinen Revolution gleichgekommen war. Alfred hatte Heinrich noch nie gemocht, wegen seines großen Mauls, wie sie einmal sagte, und weil er zu viel Bier trinken würde, und natürlich hatte es ihn sehr gefreut, als er von Theas mutiger Tat erfahren hatte, welche von den meisten Schondorfern eher als verwerflich erachtet wurde, war doch Heinrich eine *Dorfpersönlichkeit*, für Schondorfer Verhältnisse schon damals relativ reich und unter anderem auch zweiter CSU-Ortsvorsitzender, vielleicht sogar einmal Nachfolgekandidat für Bruno Bretscher, der deswegen besonders verstimmt gewesen war über die trotzigen Alleingänge seiner widerspenstigen Tochter.

Hier saßen sie also zusammen im Pfarrsaal, der Bürgermeister, der Herr Pfarrer, und die vielen anderen, und sie sahen dem aufwühlenden Fußballspiel zu, in zwei engen Halbkreisen auf Stühlen, mit den Bierflaschen vom Helmstadter Bräu in den Händen, um den kleinen Fernsehbildschirm positioniert. Heinrich war damals nicht dabei, und für Thea und Alfred hatte das Fußballspiel im Nachhinein nur eine nebensächliche Bedeutung, denn sie hatten eine eigenartige Begegnung.

Als nämlich Alfred nach Ende der regulären Spielzeit sich draußen ein wenig die Beine vertreten wollte, folgte ihm Thea nach. Es war niemandem besonders aufgefallen, dass auch sie ging, denn sie hatte als Anhängsel ihres Vaters längst ihre Pflicht getan und ein besonderes Interesse für den Fußball hatte man ihr nicht zugeschrieben. Sie sagte zu Alfred, sie hätte ihn nun eine Weile beobachtet, weil er so abwesend schien und irgendwie traurig wirken würde. Alfred war von der unerwarteten Nähe und Offenherzigkeit Theas so überrumpelt, dass er plötzlich weinen musste. Er hatte seit dem Tod Karls, so dachte er zumindest, nicht mehr vor einem anderen Menschen, geschweige denn vor einer Frau, geweint, und jetzt musste er einfach heulen, es brach aus ihm heraus, nichts Bestimmtes, kein besonderes trauriges Erlebnis, aber einfach seine ganze Verletzlichkeit und Einsamkeit, und er hatte plötzlich keine Angst mehr, Thea könnte ihn für verrückt halten oder seinen Gefühlsausbruch abwehren, und er fühlte sich auf einmal so geborgen, wie er es seit den Abendgebeten an seinem Bett als kleiner Junge nicht mehr erlebt hatte. Es blieb Alfred für immer unvergessen, wie Thea ihn dann kurz und vielleicht auch noch etwas unbeholfen, aber zärtlich, umarmte und sie gemeinsam einen kleinen Spaziergang machten, ganz kurz gar Hand in Hand gehend, so als seien sie zusammen, so, als sei er, Alfred, nun doch nicht *auf der Strecke* geblieben, und er erzählte ihr von seinem Zuhause, das keines war, von der immer gleichen Arbeit im Lohnbüro, die keine rechte Befriedigung sein konnte, von der Schondorfer Enge, die ihn schon so lange bedrückte, ohne dass er bisher einen Ausreißversuch hätte wagen können.

Er erzählte von seinen Gedanken und Fragen, warum er auf dieser Welt sei, die er doch als so verlogen erlebte, die aber dennoch stabil war, sich immer gleich fortbewegte, ohne innezuhalten in ihrer Langeweile. Sein Leben sei ereignislos, da würde nicht viel passieren, und er habe es satt, immer das Gleiche zu essen, zu schlafen, zu arbeiten. Ja, manchmal hätte er eine nahezu verwegene Lust, auf der Straße nicht zu grüßen, wenn er lieber vorbeisehen wollte, und er möchte sich in Schondorf manchmal lieber unsichtbar machen. Oder einfach verschwinden, irgendwohin.

Und Thea verstand ihn. Sie gingen über eine Stunde gemeinsam den Weg, welchen Alfred in den kommenden

Tagen, Wochen, Monaten und Jahren immer wieder gehen würde, am Hohen Park vorbei, manchmal nachdenklich, manchmal heiter, manchmal aber auch ein wenig wehmütig, dass er und Thea doch nicht zueinander gefunden hatten, dass ihm ihr Mitleid und ihr Verständnis bald nicht mehr gereicht hatte, dass er Thea doch nicht hätte ein ebenbürtiger Freund sein können. Sie gingen diesen Weg, der damals Alfreds ereignisloses Leben gehörig durcheinander brachte, während es heute, an diesem Sommertag im Jahre 1982, noch einmal, und diesmal viel gewaltiger und bedrängender, auf demselben Weg geschah, dass in Alfreds Leben *von oben* eingebrochen wurde, diesmal von einer höheren Macht, an die er längst nicht mehr glauben konnte, weil die Zweifel berechtigt waren. Und Thea war nun weit weg.

VI. Zweifel

Er hat Hunger, trotz alledem. Vielleicht ist es auch nur Zeichen höchster Nervosität und Angespanntheit, dass sein Magen knurrt und er sich schwindelig fühlt, ja dass er jeglichen festen Halt vermisst und sich ein großer Gedankenwirrwarr in seinem schmerzenden Kopf breit macht. Er spürt diesen Hunger, trotz der Ereignisse um und *über* ihn, und weil er die Spaziergangsrunde vorzeitig abgebrochen hat, scheint ihm alles aus dem Gleichgewicht zu geraten. Aber er will nicht irre werden, er weiß, was nun zu machen ist, und fast mechanisch holt er die Eier aus dem Kühlschrank, um sie in einer Pfanne aufzuschlagen und mit dem schon vor dem Spaziergang bereitgestellten Speck zu braten.

Alfred kommt sich vor wie eine Marionette, deren kleinste Bewegung gesteuert wird von einem Spieler irgendwo unsichtbar hinter der Lebensbühne, für Alfred jedoch von etwas Unbekanntem, das Macht über ihn ergriffen hat, das ihn herausgerissen hat aus einem bedeutungslosen und ereignislosen Dasein in Schondorf. Er kann keinen klaren Gedanken fassen. Was ist passiert? Was ist mir passiert?, fragt er sich immer wieder, während er lustlos am Tisch sitzt und das Omelett vor ihm auf dem Teller betrachtet. Habe ich geträumt? Das kann er nicht ernsthaft in Erwägung ziehen, zu frisch noch, zu drängend und zu lebhaft ist die Erinnerung an die Erscheinung vor gerade mal einer Stunde. Ob man ihm etwas mitteilen wolle damit? Ob sich etwas in ihm verselbständigte und ihm nun wieder auf irgendeine Art *von außen* widerfährt? Ob er gar bestraft werden soll für irgendwelche Unterlassungen? Und hat es überhaupt eine Bedeutung, dass ihm die Muttergottes erschienen ist? War es tatsächlich die göttliche Maria?

Er holt das alte Kinderbuch von Bernadette aus dem Speicher und schlägt es neben seinem halbgegessenen Omelett auf. Jawohl, da ist es wieder, was ihn so verstört. Bernadette hat einen Auftrag erhalten, sie muss der Welt etwas mitteilen, von Gottes Liebe reden und von der nötigen Umkehr der Menschen und so weiter. Alfred kann dies nicht einordnen, hat schon als Kind nie nachvollziehen können, warum Menschen umkehren sollten auf Befehl eines kleinen Kindes. Aber er versteht, dass es einen Sinn machte, damals in Lourdes. Er jedoch hat keinen Auftrag erhalten, keine Andeutung, *sie* könnte noch einmal kommen, keine Anweisung, wieder an diesen Ort vor dem wohl vertrauten Dorfweiher zurückzukehren.

Nichts, keine Beziehung zu dieser Erscheinung, keine Worte wurden gewechselt, er ist machtlos, ohnmächtig, hat Angst, alles macht keinen Sinn für ihn. Er will so viel wissen, *sie* fragen, was sie wolle. Er fragt sich, ob sie ihm schon bekannt sei, ob sie ihn an jemanden erinnere, ob sie mit Thea zu tun habe, oder mit seiner Mutter Brigitte, deren 21. Todestag ja heute ist, wie er soeben mit Schrecken festgestellt hat. Er war heute noch nicht einmal auf dem Friedhof! Hat gar seine Mutter diese himmlische Mutter geschickt, um ihn daran zu erinnern, den Grabbesuch nicht zu vergessen und die Kerze zwischen den Azaleen anzuzünden und das Weihwasserkesselchen nachzufüllen? Aber warum keine Anweisung? Ist dies alles nur eine Halluzination? Ausdruck fremder Gedanken und Bilder, die nicht zu ihm gehören? Wie soll er jetzt, wo seine Kopfschmerzen immer schlimmer werden, noch klar denken, unterscheiden, verstehen?

Alfred betrachtet die beiden Aspirintabletten, die sich langsam im Wasserglas auflösen, ihre Form verändern, sich verflüchtigen und bald nur noch im Sprudeln zu erahnen sind. Löst er sich auch langsam auf, gibt es auch von ihm bald nur noch einzelne Bestandteile, die auf das frühere Wesen Alfred hinweisen werden? Grübelnd, von solcherart Schmerzen und Zweifeln gepeinigt, legt er sich um elf Uhr ins Bett, als sich längst die Nacht über Schondorf gesenkt hatte und die Schwüle des Tages einem leichten, angenehm kühlen Nachthauch gewichen ist. Aber an Schlaf ist trotz Erschöpfung nicht zu denken. Alfred kann nicht mehr schlafen.

Schondorf, 29. Juli 1982

Liebe Thea
Hast du eigentlich meinen letzten Brief erhalten? Ich habe schon so lange nichts mehr von dir gehört. Aber ich weiß, du hast immer recht viel zu tun. Wie geht es eigentlich dem kleinen Stefan? Kommt er in der Schule gut zurecht mit seinem neuen Klassenlehrer. Warum ist Herr Siegfried eigentlich während des Schuljahres gegangen? Und wie geht's deinem Mann? Ist er noch immer bei der Holzinger AG? Oder hat er schon was Besseres gefunden?

Ich selber bin ganz und gar durcheinander. Ich weiß nicht, wie ich dir das erzählen soll. Am einfachsten wäre für mich, du könntest jetzt da sein – aber ich weiß, mit zwei Kindern ist das ja nicht so einfach und du musst doch auch arbeiten.

Weißt du, mir ist etwas Seltsames passiert. Etwas Komisch-Verwirrendes – etwas, das mich sehr bedrückt. Aber vielleicht bin ich auch so durcheinander, weil ich seit gestern morgen um 6 Uhr ununterbrochen wach bin und ich kaum noch meine Augen offenhalten kann. Ja, ich habe die ganze Nacht nicht geschlafen, mich hin und her gewälzt und an das denken müssen, was mir passiert ist, was ich gesehen habe, fast gehört auch, zumindest erlebt, beim Abendspaziergang. Ich glaube, mir ist die Muttergottes erschienen!

Jawohl, du hast richtig gelesen, Thea. Es war so etwas wie eine Erscheinung, als ich zum Dorfweiher hinauslaufen wollte, du weißt schon, unser Weg, da hatte ich plötzlich ein seltsames Gefühl, mir wurde schnell schwindlig, und es begann ein Sturm, wiewohl es doch ein schöner heißer Tag war. Vielleicht war der Sturm nur in meinen Ohren, ich habe jedenfalls plötzlich eine riesige Erscheinung am Himmel über dem Hohen Park gesehen. Wie eine junge Frau hat sie ausgesehen und sie hat irgendwas geredet, aber ich habe nichts verstanden. Es macht für mich alles keinen Sinn, bin ich denn noch normal? Warum ist mir so was passiert?

Ich bin dann wie in Trance nach Hause gegangen und habe so lange erfolglos gekämpft, endlich einschlafen zu können. Heute Morgen wäre ich am liebsten nicht aufgestanden, aber ich bin dann halt doch gegangen. Am Vormittag kam Ewald im Büro zu mir und hat mich irgendwas Belangloses gefragt, und plötzlich ist mir ganz heiß geworden und ich habe den Kaffee verschüttet, mir aufs Hemd, und Franz und Mathilde, unsere Sekretärin, haben gelacht. Und ich bin nach der Rückkehr von der Mittagspause auch noch über meinen Schreibtisch gestolpert und der Länge nach hingefallen. Und wieder hat mich Mathilde so komisch angesehen. Als ob etwas nicht mit mir stimmen würde. Und das stimmt ja auch: etwas stimmt nicht mehr mit mir.

Jetzt ist es schon wieder 9 Uhr abends, und ich bin so erschöpft, weiß nicht, wie ich diese Nacht herumbringen soll, wie ich morgen wieder im Büro auftauchen soll. Sie müssen ja merken, dass mit mir etwas los ist. Aber ich kann doch niemandem erzählen, was mir passiert ist!

Manchmal denke ich jetzt auch, dass es für mich in Schondorf noch ungemütlicher wird, weil mich manche schon lange so komisch ansehen. Vielleicht hat mich ja doch jemand gesehen, wie ich da so am Boden gelegen bin und nach oben gestarrt habe? Ich weiß ja nicht einmal, ob ich nicht auch noch geschrien oder gezittert habe. Es darf niemand wissen, ich halte mich ja selber auch nicht für einen Visionär.

Komme mich doch bald mal wieder besuchen, wenn es geht. Was denkst du jetzt eigentlich von mir? Gibt es überhaupt solche Erscheinungen?

Bis bald
Dein Alfred

VII. Sumpf

Das Seefest war stets einer der wenigen Höhepunkte im Schondorfer Jahreskreis. Es war ein Kommen und Gehen am Dorfweiher, ein Gelärme und Getöse, Stockfische überwucherten die Gerüche der kiloweise angekarrten Fleischberge auf dem großen Grill, und die reichlich vorhandenen Bierfässer ließen vielen Zungen freien Lauf. Nicht nur Schondorfer waren da, sondern auch die *Auswärtigen* kamen zum Fischessen, sogar vom Stift waren einige Brüder anwesend, und etliche Helmstadter nutzten das Seefest zu einem billigen Abstecher in die Provinz.

Man redete von der Ernte, von der CSU und den Roten und von der Kirche. Weizen und Dürre, Strauß und Schmidt, Herr Pfarrer Berninger und seine Haushälterin, das waren die Themen am Tisch von Rudi und Ansgar Müller, den beiden Mitorganisatoren, die sich jetzt am Sonntag, zum Ausklang des dreitägigen frohen und lauten Treibens, einen ruhigen Abend bei Steak und Maßkrug gönnten. Auch von der letzten Predigt an Maria Himmelfahrt hatte man es, dass man den Pfarrer Berninger überhaupt nicht mehr verstehen würde mit seinen neumodischen Ansichten, wo man doch bei Dr. Bohr wenigstens noch immer gewusst hat, wo man dran war, auch wenn der nicht so leutselig gewesen sei wie der Berninger, das müsse man ihm ja lassen. Und die Ministranten werden auch immer ungezogener, so warf Paul Kroner ein, als Inhaber des Edekaladens schon immer wichtiger Tratschpartner für Ansgar, weil dieser ja der beste Bekannte von der alten Geli war, welche wiederum das meiste beim Paul erfahren konnte, was für Schondorfer wichtig zu sein schien.

Dass der Jocks Johannes so früh gestorben sei am letzten Montag machte die Runde, und zwischen den Bierkrügen machte sich kurzes, fast betretenes Schweigen breit, wieder aufgemuntert durch die Anmerkung vom Rudi, dass der neue Präsident des Bauernverbandes noch mal Schwein gehabt hätte, als er beim ersten Presseauftritt im Bayrischen bereits in einen Kuhfladen getreten sei, er jedoch Stiefel angehabt hätte, nicht seine schwarzen Lackschuhe, mit denen er sonst angeblich in den Stall gehen würde. Und als alles lachte und schwitzte und die Krüge hob, wurde auch auf die Junggesellen von Schondorf angestoßen, und auf die wenigen *Irrläufer* des letzten Planfestes, die keine Frau gefunden hätten. Der Vorzeigejunggeselle war natürlich der Hermann, der, obwohl er schon zweimal von der Polizei zwischen Helmstadt und Schondorf erwischt worden war, noch immer mit seinem alten Kadett herumfuhr, meist von irgendeinem Weinfest heimkommend über den Schleichweg von Munzinghausen. Und auch der Jocks Peter wurde erwähnt, tragisch sei dies ja eben schon, das mit seinem Vater Johannes, wo doch die Mutter auch schon längst unter der Erde wäre und eben eine rechte Frau für den Hof fehle; und der Alfred...

Ja, der Alfred mache komische Sachen, so Ansgar, seine Schwester aus dem Nachbardorf hatte ihm das mit der Nackedei auch schon erzählt, das wisse also schon die halbe Welt, und Gebhard Pfister wiederum konnte ergänzen, wie der Alfred immer der Postbot's Vreni nachgaffe, wo die doch über zwanzig Jahre jünger sei als er, der alte Bock. Hätte er doch damals bei der Thea bleiben sollen, es wäre eine gute Partie gewesen, und der alte Bretscher hätte ja auch nichts dagegen gehabt. Aber vielleicht hat er ja nicht wollen, oder nicht können, und alles lachte, weil er *ihn* nicht hochgekriegt hätte, und Prosit, gurrte Gebhard, und Ansgar stemmte seinen Krug und leerte den Rest in seinen umfangreichen Bauch hinein, dass ihm der letzte Schaum vom Kinn tropfte. Der alte Postbot saß zwar an einem der nächsten Biertische, aber konnte das Gerede über seine Tochter zum Glück nicht hören, sonst hätte er sich wohl den Gebhard längst vorgenommen, und der wäre nicht der erste gewesen, der den Sonntag Abend bei einem Seefest mit einem unfreiwilligen Bad im dreckigen Tümpel beendet hätte.

Auch Alfred hört nichts von diesen Dingen, ja zumindest ist ihm der peinliche Sprung in den Waldsee vor aller Leute Augen und Gelächter bisher erspart geblieben. Ja, heute ist er nicht einmal da, obwohl er gerne wieder mal gegangen wäre, mit Thea vielleicht, oder auch mit seiner Cousine Tanja, mit der er sich doch ab und zu getroffen hat in den letzten Jahren. Er hat genug von dieser bierseligen Fröhlichkeit und dem Gerede über die Schondorfer, wo man doch eher über Schondorf selber reden müsste, klagen und tratschen, weil es ein trostloses Kaff ist mit langweiligen Bewohnern und einer derart falschen Moral, dass es einem wie Alfred nur schlecht werden kann. Gottlob also ist Alfred nicht dabei, als Gebhard und Ansgar herumgröhlen und dankbare Zuhörer ihrer Ammenmärchen gefunden haben. Und langsam senkt sich die Nacht über Schondorf.

*

Ich denke oft an Thea. Wie es gewesen wäre, wenn ich ihr damals, bei diesem Spaziergang, mehr hätte sagen können. Mehr an Klarheit und Ehrlichkeit hätte ich ihr doch zumuten können. Aber ich habe mich einfach nicht getraut, wollte sie nicht vertreiben von mir, mir wohl auch keinen Korb holen bei ihr. Das wäre unangenehm gewesen, ja vielleicht ziemlich schlimm für mich. Wenn ich dieses Abenteuer nur gewagt hätte! Wenn ich mich nicht so verkrochen hätte in mein Schneckenhaus!

Ich werde nie über ihre Hochzeit mit Bernd hinwegkommen. Natürlich habe ich es geahnt, dass sie ihn sehr gern hat, dass sie sich bei ihm aufgehoben fühlt, irgendwann hatte sie sogar mal das Wort Geborgenheit in den Mund genommen, während sie mir so viel hätte geben müssen. Aber dass es mit Bernd so schnell ging, hat mich dann doch tief erschüttert. Ich war zu spät, oder zu früh. Aber vielleicht war es ja auch gut so.

Auch wenn ich schon oft davon geträumt habe, etwas Besonderes, vielleicht sogar ein Auserwählter zu sein, verstehe ich noch immer nicht, warum mir das mit der Erscheinung vor zwei Wochen passiert ist. Irgendwie habe ich das Gefühl, dass jetzt nichts mehr so sein kann, wie es war, weil ich nichts mehr zurücknehmen und ungeschehen machen kann. Soll ich nun mein Leben lang darüber schweigen, weil sie ja auch geschwiegen hat am Himmel? Habe ich nichts mehr darüber zu sagen, weil auch sie nichts zu sagen hatte außer einigen unverständlichen Lauten von ihren Lippen und undefinierbaren Armbewegungen? Hat mich jemand vor zwei Wochen dabei gesehen? Oder war die Erscheinung vielleicht nicht doch nur ein Hirngespinst von mir, Zeichen dafür, dass etwas nicht stimmt in meinem Hirn? Verliere ich den Verstand? Oder bin ich jetzt schon ein wenig verrückt?

VIII. Entgegnung

Es mag zweifellos Menschen geben, die halluzinieren. Halluzinationen sind Sinnestäuschungen von Menschen, die Dinge wahrnehmen, die andere nicht sehen. Manchmal sind es auch *Urerfahrungen* von starken Momenten, die sich zwar irgendwie innerlich abspielen, aber doch als äußere Katastrophe erlebt werden. Wenn jemand vereinsamt, seine mitmenschliche Bande zerreißen sieht und der Isolation nicht mehr zu entkommen vermag, so kann er durch die Einmaligkeit eines solchen Erlebnisses wieder eine Einheit seines Daseins spüren, etwas, das ihm Sinn gibt, Gespür für die eigene Wirklichkeit, für das Leben, für die Haut und das Gefühl. Es mag so sein: wer sich verloren hat, die Ganzheit seines Ichs nicht mehr spürt, sondern nur noch Zerschlagenheit, Trennung und Uneins-Sein, wird durch eine Halluzination wieder ganz, einheitlich, zusammengehörend.

Manchmal werden Gedanken laut, innere Bilder sichtbar, geheime Wünsche nach außen gewälzt. Stimmen werden vernommen, nicht nur mit dem Ohr, sondern auch mit dem Kopf, dennoch nicht mitteilbar, unhörbar. Es ist so, als ob innere Organe zerbrechen, Knochen zertrümmert werden oder die Haut zerrissen wird. Und das alles nur, damit so die Welt endlich bedeutungsschwanger wird, dass alles zusammenfindet in einem großen unendlichen Sinn, dass Bilder entstehen in aller Farblosigkeit, prächtig, jeder Ausstellung würdig, mit stolzem Blick auf die faszinierten Besucher, die es doch in Wirklichkeit überhaupt nicht gibt, weil diese nichts anderes sehen als Nichts.

Ja, manchmal kann man nicht mehr unterscheiden zwischen Stimmen und Gedanken, Sehnsucht und Realität, Kindheit und Alter, Ursprung und Ziel, und das dünne Eis bricht, auf dem zu gehen man sich gewagt hat trotz warnender Risse. Unauslotbar tief und gefährlich tut sich der Abgrund auf, zerstörend kalt scheint das drohende Wasser. Wie sicher müsste da doch das Eis sein, wie stark und unendlich, damit der Abgrund für immer verschlossen bleibt? Und wer sollte solchen Halt, solche Sicherheit geben, wenn nicht ein Erlöser? Nur er, oder sie, eine gute Muttergottes, die auffängt, wenn der Fall begonnen hat, die den Alfred sozusagen rettet, weil er zu zweifeln beginnt am Sinn seiner täglichen Monotonie, nicht nur an dem Sommertag im Jahre 1982, sondern schon damals, als ihn seine Mutter verließ, und schon viele Jahre zuvor, als Thea ihre Entscheidung getroffen hatte. Ja, vielleicht ist sie die Rettung für Alfred, der seines Lebens nicht mehr ganz sicher ist, wenn ihn die seltsamen Schondorfer Blicke treffen, voller Mitgefühl und Falschheit, irgendwo zwischen Redseligkeit und abweisendem Schweigen.

Ist es so für Alfred? fragt sich Doktor Kästner. Nicht so berühmt wie sein großer Namensvetter Erich ist er, aber doch für Schondorfer Verhältnisse eine Berühmtheit im fränkischen Hinterland, weil sogar bis aus Sennfeld und Waldsheim Patienten in seine naturärztliche Praxis strömen, um sich wenigstens einmal im Monat oder – bei entsprechender Robustheit – einmal im Jahr eine halbe Stunde Sicherheit, Verständnis und Linderung zu gönnen für so viele Schmerzen an Leib und Seele. Er war sogar einmal in Amerika zum Studieren gewesen, und er hatte die Schriften von Benedetti über Schizophrenie gelesen, über Grenzpsychosen und auch dessen Artikel zum religiös-ekstatischen Wahn. Und über den alten Bleuler hatte er sogar einmal in seinem Zusatzstudium eine hochwissenschaftliche Arbeit geschrieben, „*Konzept der schizophrenen Geistesstörungen bei Bleuler im Vergleich zu Freuds ‚Wahn und Träume*‘“, wie es die eigens zum 800jährigen Jubiläum des Ortes erschienene Schondorfer Chronik von 1978 den staunenden Lesern stolz mitteilte, zwischen den Hinweisen auf die anderen Studierten von Schondorf und der Chronologie der Bürgermeister seit 1379. Und seit er 1976 seine Praxis am Wiesengrund eröffnete und somit Schondorf zum ersten Mal nicht nur einen eigenen Arzt, sondern gar noch einen richtigen Seelendoktor hatte (nicht einmal Waldsheim, wiewohl viel größer, konnte einen Arzt aufweisen), kannte er auch Alfred Kummer, welcher zu seinen ersten Patienten gehörte, damals freilich wegen einer nicht enden wollenden Bronchitis.

Heute jedoch klagt Alfred über seine Schlaflosigkeit und Nervosität, die sich vor allem beim Arbeiten bemerkbar mache, er könne nicht mehr ruhig sitzen, Fehler schlichen sich ein in seinen wichtigen Berechnungen, ja er verrechne sich schon einige Male, und jede Korrektur seines Kollegen sei wie ein schmerzhafter Stich, wo ihm dies doch früher nie passiert sei, Zuverlässigkeit in Person, sicher in seinem Auftreten, unbestritten in seinen buchhalterischen Fähigkeiten. Und vor allem auch an der Nacht leide er, ja die Nächte, die seien am schlimmsten, wo er so viel wach liege, am Grübeln sei und sein Magen schmerze, wegen dieser Gastritis, ob das wohl psychisch bedingt sei, wolle er vom Herrn Doktor wissen.

Psychisch bedingt sind viele Schondorfer Bauernkrankheiten, seitdem Dr. Kästner Einzug gehalten hat. Beim alten Dr. Lessing aus Sennfeld hätte es solches moderne Zeug noch nicht gegeben, da war immer sofort ein passendes Medikament parat, welches brav geschluckt wurde; ein drohender Hinweis auf den Alkohol, welcher verschämt entgegengenommen wurde; vielleicht auch mal eine Überweisung zu einem von Helmstadts Fachärzten, wenn das Übel besonders besorgniserregend zu sein schien. Nein, bei Kästner wird nicht gleich etwas verschrieben, weil es ja psychisch bedingt sein könne, die Magenverstimmung beim Gebhard oder sogar die schleichende Arterienverkalkung bei Geli, psychisch bedingt und nicht mit einer Pille zu vertreiben. Am Leben selber, so sagt der Doktor immer wieder, müsse man etwas ändern, wenn Migräne oder chronische Halsschmerzen besiegt werden wollen.

Was aber, Herr Kummer, sei der Grund für diese Schlaflosigkeit und innere Unruhe, so fragt er. Was habe ihn aus dem Gleichgewicht geworfen, ihn so erschüttert, dass er nun seinem Namen alle Ehre mache, allerdings eine eher unglückliche?

IX. Idylle

Schondorf ist ein Dorf wie viele andere auch im fränkischen Hinterland. Nicht besonders ungewöhnlich, auch nicht besonders eng oder engstirnig. Die Kirche ist im Dorf, wie es hier heißt, und der Herr Pfarrer und der Bürgermeister lassen sich bei der Kirchweih noch immer in einer offenen Kutsche durch die Hauptstraße fahren, wobei die alten Männer, die wenigen, die *damals* überlebten, artig ihre Hüte abziehen, als würden die alten Gauleiter von früher vorüberdefilieren. Und die Frauen hängen noch immer an Fronleichnam, wenn die Prozession mit dem *Himmel* durchs Dorf zieht, ihre frisch gewaschenen Fahnen an die Giebelstangen und schmücken die Hoftore mit aufwändig gestalteten Blumengeflechten.

Und immer wird die CSU gewählt, alle sechs Jahre für den Kreistag, alle vier Jahre für den Landtag, schon seit 1949, brav und geduldig, bewahrend und gottergeben, weil die Sozis, so die Schondorfer nahezu einstimmig, die

Kirche am liebsten abschaffen würden, und der Strauß es eben doch recht mache, und es den Menschen in Bayern ja sehr gut gehe, und man noch an den Herrgott glaube. Und es gibt die Feldgeschworenen, die jeden Eckstein in den Fluren zwischen dem Hohen Park und der Gemeindemarkierung zu Holzhausen kennen, und mit zünftiger Jägertracht und Fahnenwimpeln bei der Bittprozession nach Sennfeld hinter dem *Himmel* einherschreiten, stolz und gedankenverloren, nationalistisch und patriotisch, jedenfalls nicht betend, wiewohl die alten Lieder von der *Reinsten Jungfrau* mitschmetternd mit den zu langsamen Tönen der Blaskapelle.

Diese wiederum spielt noch immer bei jeder Beerdigung *Ich hatt' einen Kameraden, einen bess'ren findst du nicht*, auch wenn es nicht stimmt, weil der alte Jocks Schorsch schon längst alles versoffen hat und sich seine hinterbliebene Waltraud eigentlich auch freuen solle. Aber so ist es eben mit den Verstorbenen, dass man sie in einem Bild malen und damit verfälschen muss, dass sich die Hinterbliebenen reinwaschen von ihrer Ablehnung, die sie den Verstorbenen zu Lebzeiten haben zukommen lassen, sich reinwaschen von ihrer Schuld, ihnen manchmal den Tod gewünscht zu haben, von ihrer Unfähigkeit, zu trauern und wenigstens nach außen sichtbar etwas wie Trauer zu zeigen. Da werden Farben gemalt, die ein Leben nie gekannt hat, Geschichten erzählt, die so nicht gewesen sein können, und der Verstorbene war natürlich ein treu sorgender Vater und Freund des Dorfes, und er war seinen Buben ein Vorbild und seiner Frau ein guter Mann, und dem Schützenverein ein treuer Kassier und überhaupt ein Schondorfer, den man stolz der Welt präsentieren konnte, weil er angeblich das verkörperte, was den Schondorfer Geist ausmacht; dabei könnte man eher vom Ungeist reden, und von der Frau und den Buben ganz zu schweigen, denn diese können sich nur verschämt abwenden von den guten Taten, die man ihrem Mann und Vater andichtet, nur weil er gestorben ist, und der Tod ihn jetzt in ein anderes Licht rückt, von dem vorher nie etwas zu sehen war.

Und vor jedem Weihnachtsfest versammelt sich die musische Dorfschar, um zwischen *Stille Nacht* des Kirchenchors und dem *Es wird scho glei dumpa* des Kinderchors der frohen Botschaft nach Lukas zu lauschen, verlesen vom Herrn Pfarrer in der bunt geschmückten und voll besetzten Mehrzweckhalle, dem ganzen Stolz der Schondorfer. Und auch der Sportverein prägt das Leben auf seine Weise, nicht nur die Weihnachtsfeier mit dem eigenen Sportvereinsmännerchor und dessen Klassiker *Ich bete an die Macht der Liebe*, sondern auch das Finale zum sonntäglichen Kirchgang, wenn sich um zwei Uhr, kurz nach dem Frühschoppen im Ochsen und dem Schondorfer Schweinebraten, die Fußballmannschaft der untersten C-Klasse in der untersten Tabellenhälfte mit dem Tabellenvorletzten und Erzrivalen Holzhausen misst.
Die Schondorfer leben im Rhythmus eines Jahres, wenn

nach Maria Lichtmess die Christbäume geräumt werden, wenn nach Peter und Paul die großen Bittprozessionen nach Sennfeld mit den *Wallweggen* stattfinden, wenn am ersten Sonntag nach Maria Himmelfahrt der Viehmarkt in Schondorf Station macht. Sie leben im Rhythmus eines Jahres, welches vom Kreislauf der Natur, aber auch vom Lauf des Kirchenjahres geprägt ist, vom Wetter und Regen, vom Bürgermeister und dem Herrn Lehrer, vom Pfarrhaus und vom Egers Toni, der der zweite Bürgermeister ist und jeden Samstag Vormittag mit seinem alten Kadett und einem noch altertümlicheren Megafon durch Schondorf fährt und die Neuigkeiten aus dem Rathaus verkündet, während die Straßenkehrer kurz innehalten, die Bauersfrauen ihre Schlafzimmerfenster öffnen und die Landwirte ihre Traktoren abstellen, um nichts zu verpassen, wenn die nächste Gemeinderatsversammlung angekündigt wird oder eine Feuerwehrübung oder ein standesamtliches Aufgebot.

Das ist der Rhythmus eines Jahres. Wenige große Ereignisse allerdings werfen ihre Schatten schon um Jahre voraus, so das *Planfest*, das alle zehn Jahre stattfindet während der Kirchweih, wo drei Tage lang das Bier strömt, die Beine tanzen, kleine Mädchen mit Blumenkörbchen herumstolzieren und alte Jugendträume wieder wach werden, wo man sich nach Jahren wieder begegnet oder erste Spuren für eine Begegnung von vielen Jahren legt. Und so war es auch das 800jährige Dorfjubiläum, das noch lange zu denken gab, weil der Landrat in der Kirche über eine Bank stolperte und der Länge nach hinfiel, und weil bei der Viehprämierung die Kuh vom alten Siegfried über die Absperrung geriet und dem Herrn Pfarrer so unglücklich auf den linken Fuß trat, dass dieser ins Krankenhaus nach Helmstadt gefahren werden musste und noch wochenlang mit einem Krückstock zu seinen Schäfchen ging.

Das Planfest ist Tradition, weil es schon immer nach festen Abläufen und mit bis ins kleinste Detail geregelten Ritualen stattgefunden hat und stattfinden wird, eine Tradition, die Identität verschafft, Zusammengehörigkeitsgefühl und Abgrenzung ermöglicht von Sennfeld und Holzhausen und den anderen umliegenden Dörfern, weil diese kein Planfest haben, nur einen mickrigen Maitanz um dem Maibaum, längst nicht so hoch und festlich geschmückt und mit ehrwürdiger Tradition belegt wie der Schondorfer Planbaum, der etwas Besonderes zu sein vermittelt und die Schondorfer Seele zum Klingen bringt, in einem harmonischen Akkord, wo doch sonst verschiedene Töne, Stimmungen und Parteien diverse Missklänge hervorzaubern zwischen den Häusern und Familien.

Auch Alfred war beim ersten Planfest nach dem Krieg dabei, 1950, als 20jähriger und natürlich Lediger, das ist die Bedingung, um bei den Planpaaren mitmachen zu können, nicht verheiratet zu sein, nicht einmal verlobt, und dann darf man beim Eröffnungstanz am jeweiligen Planfreitag sein Mädchen herumschwingen mit dem traditionellen blauen Halstuch. Und Alfred hatte damals mit der Corina Goldschmidt getanzt, vielleicht in der Hoffnung, es könne sich *etwas ergeben*, aber sie hatte sich schon längst in einen anderen verguckt, und die Liaison mit Gebhard, Alfreds Schulkollegen, hatte wohl schon lange vor dem Planfest begonnen. Allenfalls die Befürchtung, Corina hätte nur aus Mitleid nicht Nein zu seinem Tanzantrag gesagt, bereitete Alfred etwas Kopfzerbrechen im Nachhinein. Die Tatsache an sich, dass nichts draus geworden ist, war freilich weniger bedenklich, denn bei einem 20jährigen Schondorfer ohne Mädchen denkt man ja noch nicht daran, dass da mal einer *auf der Strecke bleiben* könnte.

Über die weniger heiteren Dinge schweigt man sich dagegen in Schondorf lieber aus. Die tausend Jahre damals, von '33 bis '45, gehören dazu. Der Gauleiter von Münnerstadt stammte ursprünglich aus Schondorf, ein brauner Fanatiker, der es nicht an Bekanntheit, aber doch an Eigensinn und Hetze durchaus mit einem Julius Stürmer hätte aufnehmen können. Schon 1932, bei der letzten richtig freien Reichstagswahl, kamen die Braunen in Schondorf auf über 30 Prozent der Stimmen. Und der alte Schmid Sepp war in der Partei gewesen und wäre 1949 fast schon wieder erster Bürgermeister nach dem Krieg geworden, obwohl er an diesem nicht so viel falsch finden wollte und auch der Hitler so schlecht nicht gewesen sein konnte. Und dass der Sepp die Familie Liebmann verraten hatte, als sie beim Toni im Keller wohnten, 1944, als eh schon praktisch alles vorbei war oder vorhersehbar dem Ende zuging, darüber wird genauso geschwiegen wie über die versteckten Kartoffeln, die dem Vater vom Laden-Paul zum Verhängnis wurden, weil jemand übereifrig war und sich beim Gauleiter beliebt machen wollte, und dessen Lakaien dann nicht nur Kartoffeln fanden. Der alte Schmid Sepp war beileibe nicht ein störrischer, ausgestoßener Einzelgänger in Schondorf, sondern vielmehr ein geachteter Bürger und Katholik, einer der vier Himmelsträger an Fronleichnam, mit unschuldsvollen weißen Handschuhen hinter dem Hochwürden einherschreitend, tatsächlich jedoch die Hände und die Gedanken voller Dreck und dumpfem Nationalismus. Und dass er die Bürgermeisterwahl 1949 nicht gewonnen hatte, lag weniger an fehlender Sympathie für seine Vergangenheit, sondern eher an der jovialen Ausstrahlung seines CSU-Gegenkandidaten Franz Hermann, der sich die Wahlstimmen Schondorfs praktisch erkauft hatte, indem er fast im Alleingang das beim alliierten Angriff vom 7. Februar 1945 völlig zerstörte Feuerwehrhaus nur drei Jahre später wieder instand setzen ließ und sich dadurch so ums Gemeinwohl verdient gemacht hatte, dass er sogar den Sepp mit über 10% Stimmenvorsprung schlagen konnte. Und der Hochwürdigste Herr Dr. Bohr, von 1936 bis 1951 Pfarrer in Schondorf, wusste ebenfalls mit seinen dumpfen antisemitischen Predigten und der Kriegshetze gegen den Feind im Osten die Mehrheit der Schondorfer hinter sich, da er, wie in der Jubiläumschronik festgehalten wird, sich größter Beliebtheit beim Volk erfreute, weil er sich in der Landwirtschaft verstand und eine neue Sorte Sommergerste in Schondorf einführte, die resistenter gegen den Mehltau war und nicht so schnell verfaulte, wenn die Schneeschmelze zu lange dauerte. Ein Freund und guter Ratgeber für die Landwirtschaft sei er gewesen, so die Chronik, und ein guter Seelsorger für die Menschen, und ein sehr gebildeter Mann, wie die Festschrift betonte, dennoch eine Sprache mit dem Volk sprechend, Hochwürden Dr. Bohr, verständnisvoll und im guten Sinn gefürchtet, wenn, wie allerdings die Chronik verschwieg, die Buben vor seinem Stock Angst hatten, weil sie die zwölf Apostel und die zwölf Stämme Israels nicht aufsagen konnten oder nicht wussten, welche und wie viele Wunder der Herr Jesus vollbracht hatte.

Und Herr Dr. Bohr verstand sich gut mit dem Sepp, und auch mit den anderen in seiner Kameradschaft, die ihre gesammelten nationalsozialistischen Orden sogar offen zur Schau stellen konnten bei den Bittprozessionen nach Sennfeld, wiewohl noch jahrelang nach dem 8. Mai '45 für das Kriegsende und das Ende der Barbarei gedankt wurde und der Sepp und seine Kameraden dennoch unbeirrt ins *Tantum Ergo* mit einstimmten. Jawohl, nationalsozialistisch und katholisch war man in Schondorf gewesen, wie die Chronik schweigt, und von beidem immer nur soviel, wie es das jeweils Andere zuließ, so, wie die Chronik ebenfalls nicht berichtet, im Frühsommer 1943, als die bayrische Gauleiterkonferenz beschlossen hatte, alle Schulkreuze entfernen zu lassen, und Dr. Bohr eine flammende Predigt gegen diesen gottlosen Frevel gehalten hatte und eine Abordnung der Schondorfer Bauersfrauen persönlich nach Münnerstadt gelaufen, ja regelrecht gepilgert war, um dem dortigen NSDAP-Ortsvorsitzenden gehörig die Leviten zu lesen, und man sogar mit Streik drohte und mit Sabotage, ohne freilich Schlimmeres befürchten zu müssen, da doch das Abhängen der Kreuze das Schlimmste zu sein schien, bei all dem Grauen, von dem man damals bereits gewusst hatte, von den Lagern, in denen auch der Bruder von Laden-Pauls Vater, Heinrich, einmal gewesen sein sollte, aber danach bis zu seinem Tod 1948 beharrlich darüber geschwiegen hatte. (Man hätte ihn seelisch gebrochen, so hatte mal jemand vermutet im Hinblick auf seine seit damals verkrüppelte rechte Hand). Und nur wenige Tage nach dem Pfingstfest 1943 hing das alte Kruzifix bereits wieder in Schondorfs Klassenzimmer.

Überhaupt wird viel geschwiegen in Schondorf, obwohl auch viel geredet wird. Geschwiegen wird, wenn sich die Trudi vom Bretscher Toni das Leben nimmt, weil es sich nicht gehört, Schondorf *so* zu verlassen, und geschwiegen wird auch, wenn der Schmied Heinrich depressiv wird und nicht mehr arbeiten kann und nur noch zuhause herumhängt und beim Ochsen sein Geld ausgibt, zumindest solange, als er dabei sitzt oder gar die nächste Runde schmeißt. Geredet dagegen wird, dass die Trudi nicht ganz richtig im Kopf gewesen sei und schon ihre Mutter etwas gehabt habe, und geredet wird, dass der Rudi nicht mehr arbeiten will und sich überall drücken will, schon beim Bund sei er nicht gewesen, obwohl er doch kerngesund sei und sein Vater zweiter Vorsitzender der Jagdgenossenschaft. Immerhin wurde die Trudi kirchlich beerdigt und fand ihr Plätzchen am äußersten Rand des Friedhofs direkt neben der kleinen Bauhütte, in dem Schondorfs Gemeindearbeiter und Friedhofsgärtner ihre Werkzeuge aufbewahren, seit dem Konzil waren ja auch in Schondorf moderne Zeiten aufgebrochen und der jetzige Pfarrer, Manfred Berninger, redete schon 1976 bei Trudis Beerdigung Klartext über die Verantwortung der Überlebenden eines Selbstmordes. Von den Überlebenden sprach er so, als ob es auch andere hätte treffen können, Ausweglosigkeit und Lebensüberdruss, und er sprach davon, dass es gar nicht so weit hätte kommen müssen, weil jeder, der gehe, immer auch rechtzeitig Signale und Zeichen aussende, so dass man ihn noch daran hindere könnte, sich so am Leben zu vergreifen. Es ist sicherlich kein Zufall, wenn in der Ortschronik das Wirken von Pfarrer Berninger, immerhin auch schon seit 1974, also acht Jahre, im Dorf und da ist seine fast dreijährige Kaplanszeit über ein Jahrzehnt zuvor noch gar nicht mitgerechnet, viel weniger Raum einnimmt als die segensreiche Amtszeit des „in diesem Jahrhundert wohl wichtigsten Schondorfer Ortspfarrers, HH Dr. Bohr“.

Wenn jemand die Schondorfer Idylle beschmutzen will mit einem kritischen Geist oder einem nachdenklichen Wort, so wie Alfred, der einmal im Ochsen sagte, das mit der Lisbeth Wegner habe ihn sehr getroffen, dann freilich trifft ihn der heimliche Bannstrahl der Schondorfer Seele. Die Lisbeth war die Frau vom Herbert, und der hatte sie fast grün und blau geschlagen, bis endlich einmal die Polizei kam und ihn mitgenommen hatte aufs Revier, und er erst nach zwei Tagen wieder zurückgekommen war, stumm wie ein Fisch. Ja, es sei schlimm gewesen, so Alfred, dass man schon lange gewusst habe, was der Herbert daheim so alles treibe, dass er viel trinke, und dass der Ochsenwirt jedoch immer fleißig nachgeschenkt hätte, wenn der Bierkrug leer gewesen war, und dass niemand den Herbert zur Rede gestellt habe, weil er ja zu den Honoratioren gezählt wurde, als Feldgeschworener und Ehrenvorsitzender der Feuerwehr eine unantastbare Persönlichkeit. Und nur mühsam konnte sich damals die anwesende Runde beherrschen ob der freien Rede Alfreds, und wäre man nicht so zivilisiert gewesen, hätte man ihn am liebsten an Ort und Stelle verprügelt. Ihn, Alfred, der in keinem Verein war und sowieso noch ein alter verknöcherter Junggeselle, der eben keine gekriegt hätte und doch überhaupt nichts vom Leben in Schondorf, vom richtigen Leben verstünde. Und dass der Herbert mal über die Stränge geschlagen hätte, könnte doch so einer wie der Alfred, ausgerechnet einer wie der Alfred, niemals beurteilen, er, der vielleicht nicht einmal *einen hochkriegen* würde, ein Sonderling, den ganzen Tag im Büro herumsitzend, und wohl gar nicht wissend, was richtige Arbeit sei.

Es war also typisch für Schondorf, gewissermaßen naturgemäß *schondorferisch*, genau zu wissen, was richtig sei. Naturgemäß richtig war also, was eher üblich war in den Häusern und bei den Versammlungen und bei den Festen; richtig war etwas, wenn es als moralisch unbedenklich galt und jedenfalls nicht zu beanstanden war. Zu beanstanden wiederum war nur dieses, was die Richtigkeit des eigenen Denkens und Handelns in Zweifel zog, so dass es durchaus passieren konnte, dass man eben, wie bei der Wegners Lisbeth, bereit gewesen war, weg zu sehen, zu schweigen also, der Herbert sei schließlich ein vernünftiger Mensch, wie es geheißen hatte, und wenn ihm mal eine ausgerutscht sei, wie es eben naturgemäß in Schondorf des Öfteren vorkommen musste, dann würde dies doch aufgewogen sein durch all das viele Gute, welches man ihm zu verdanken hatte, so dachte man schondorferisch. Und natürlich hatte das Schweigen noch weitere, nicht zu unterschätzende Vorteile für eine funktionierende Dorfgemeinschaft: wer schweigt, bleibt anonym, bleibt also gewissermaßen *aus dem Spiel*, wie es geheißen hatte, und niemand kommt auf die Idee, unselige Verbindungen herzustellen zwischen dem solchermaßen Schweigenden und dem Thema, zu welchem man sich eben ausgeschwiegen hatte, und zu welchem man sich nur hätte äußern können unter der Gefahr, Gegenstand neuer Spekulationen zu werden.

Dass nun der Alfred gerade nicht geschwiegen hatte zu einem Thema, welches im Allgemeinen, bezüglich Lisbeth auch im Besonderen, schon lange und schon immer ein solches hätte sein müssen, war insofern für die Anwesenden umso unerträglicher, dass ja bekannterweise der Alfred gerade keine Frau zu Hause hatte, dass man ihm also diesbezüglich nichts hatte vorwerfen können

So oder so hatten jedoch *Nestbeschmutzer*, wie man sie in Schondorf bezeichnete, immer ein schweres Leben, weil sie sich einer undurchdringbaren Front von Schweigern und Besserwissern, von Schweigern *trotz besseren Wissens*, ausgesetzt sahen.

Und dann konnte man zusehen, wie die Beschmutzer langsam aus dem Nest fielen, ja regelrecht in die Tiefe stürzten, und ihnen der Halt unter dem Boden entzogen wurde von einem Dorf, dass wider besseren Wissens an den eigenen Regeln festhielt, auch wenn deren Sinn längst verloren worden war.

X. Vorübungen

Am Mittwoch, dem 24. Juni 1981, dem Fest des Heiligen Johannes des Täufers, gehen die beiden Mädchen Ivanka Ivankovic und Mijana Dragicevic aus Bijakovici oberhalb von Medjugorje auf den Hügeln vor dem Dorf spazieren. Am Podbrdo, „Fuß des Hügels“ genannt, sieht Ivanka plötzlich eine Erscheinung: eine Gestalt mit verschwommenen Umrissen, ein „junges Mädchen mit sanft leuchtendem Gesicht in einem grauen Kleid. Sie schwebt 30 cm über dem Boden“, wie Ivanka später zu Protokoll geben wird. Die beiden bekommen Angst und laufen davon. Unterwegs begegnen sie Ivan Ivankovic, dem mit seinen 20 Jahren Ältesten der Gruppe, sowie Ivan Dragicevic beim Äpfelpflücken. Sie gehen zum Ort zurück und wieder sieht Ivanka die Erscheinung als erste. Die sechs jungen Leute sind so bestürzt, dass sie die Erscheinung nicht anreden, sondern entsetzt nach Hause gehen und erzählen, was sie gesehen haben. Niemand schenkt ihnen Glauben...

Am Tag darauf, Donnerstag, dem 25. Juni, gehen die sechs in Begleitung zweier Erwachsener zum Podbrdo hinauf. Um 18.15 Uhr sehen sie wieder die Erscheinung und fallen einem inneren Zwange folgend auf die Knie. Nur sie sehen, die beiden Erwachsenen sehen nichts. Und zum ersten Mal reden die Kinder mit der Erscheinung. Warum sie gekommen sei? Und die Erscheinung gibt zu Antwort, weil sie hier Glauben finde und um Versöhnung bitten wolle.

Am dritten Tag, Freitag, dem 26. Juni, sehen sie ein Licht, das nun auch von anderen wahrgenommen wird, so dass bereits aus den umliegenden Dörfern Bijakovici, Medjugorje und Miletina Menschen herbeiströmen. Es sind schon zwei- bis dreitausend gewesen, so dass die Kinder von der Menschenflut buchstäblich erdrückt werden, weil alle möglichst nahe bei den Seherkindern stehen wollen. Und auf die Frage von einem der Kinder, wer sie denn sei, habe sie die Antwort gegeben: "Ich bin die selige Jungfrau Maria."

Am vierten Tag der Erscheinungen, am Samstag, 27. Juni 1981, beginnt sich die Bezirkspolizei von Citluk für die Vorkommnisse zu interessieren und verhört die Kinder, woraufhin sie auch zum ersten Mal von einem Arzt, Dr. Ante Vujevic, auf ihren Geisteszustand hin untersucht werden – sie werden jedoch als „normal und gesund" erklärt, bevor am Abend dieses Tages die Erscheinungen wieder begannen.

Die fünfte Erscheinung ist am darauffolgenden Sonntag. Die Menge wird bereits auf 15.000 Menschen geschätzt, aber dennoch hätte sich, so ein Augenzeuge, alles „in vollkommener Ruhe abgespielt«.

Am Montag, dem 29. Juni, werden die Kinder noch einmal polizeilich verhört, weil man sie in eine Anstalt einweisen lassen will. Doch auch die Ärztin Dr. Dzudza aus Mostar kann keine Anomalitäten erkennen und bestätigt ein „vollkommenes inneres Gleichgewicht“ bei den Sehern. Auch von einer ersten Heilung eines stummen und gelähmten Jungen wird berichtet, und davon, dass die Jungfrau „zum ersten Mal traurig gewesen“ sei, weil jemand aus der Menge „eine Lästerung ausgestoßen“ habe.

Ab dem siebten Tag erscheint die Mutter Gottes nicht mehr auf dem Podbrdo, sondern in Cerno in der Nähe von Ljubuski, und in der Folgezeit ereignen sich die Erscheinungen mit wenigen Ausnahmen täglich zur selben Stunde, fernab der Öffentlichkeit, zunächst in einem großen, von einem Nachbarn der Kinder zur Verfügung gestellten Raum, später dann bei den Kindern privat zu Hause, jeweils begleitet von einer kleinen auserlesenen Schar von Menschen, die die Veränderungen an den Kindern bemerken, ansonsten jedoch von Erscheinungen optisch und akustisch nichts wahrnehmen können...

Alfred hat sich diese Notizen aus verschiedenen Tageszeitungen herausgeschnitten und zu einem Bericht zusammengestellt. Seit dem Fall *Anneliese Michel* hat sich die fränkische Tagespresse nicht mehr so intensiv und ausführlich mit *außerordentlichen spirituellen Ereignissen* (Würzburger Volksblatt) oder Geschehnissen *aus dem Reich des Übersinnlichen* (Helmstadter Bote) beschäftigt wie jetzt mit den Marienerscheinungen von Medjugorje. Damals, 1975, war die Studentin Anneliese Michel aus dem fränkischen Klingenberg nach langen Exorzismen durch zwei katholische Priester verhungert, und in einem Aufsehen erregenden Prozess vor dem Aschaffenburger Landgericht wurden die Eltern der Anneliese und einer der beiden Exorzisten wegen unterlassener Hilfestellung mit Todesfolge zu Bewährungsstrafen verurteilt. Und es schien, als ob Klingenberg seine Schatten wieder voraus werfen würde auf die Geschehnisse jetzt im fernen Jugoslawien, wo doch in beiden Fällen *mystische Entzugserscheinungen* (Offenburger Nachrichten) und *ekstatische Phänomene* (Rhöner Bote) genauso eine Rolle gespielt hätten wie *katholische Fundamentalisten* (Königsberger Landbote) und *falscher Rigorismus einer verdorbenen katholischen Moral*, wie es in einem aufmüpfigen Leitkommentar im ansonsten so braven Helmstadter Tagblatt gestanden war.

Mit Spannung verfolgt Alfred diese Artikel, auch wenn er persönlich davon überzeugt ist, dass es sich bei den Kindern von Medjugorje um fantasiebegabte Märchenerzähler handele, die von einer kleinen katholischen Elite für eigene Zwecke missbraucht würden. Irgendwo hat Alfred sogar in der Helmstadter Bücherei eine katholische Zeitschrift ausgegraben, an deren Namen er sich jetzt, in den schwülen Spätsommertagen von Schondorf, nur wenige Wochen nach seiner *eigenen* Erscheinung, nicht mehr genau erinnern kann, aus welcher er jedoch einige Seiten eines Interviews herauskopiert hat, welches irgendein theologischer Professor Dr. Soundso mit den Seherkindern geführt hatte.

Jetzt, da er so durcheinander ist, mit sich nicht mehr im Reinen, schlaflos und ruhelos, sich in Schondorf immer mehr beobachtet und eingekerkert fühlt und gleichermaßen nicht fliehen kann, liest er noch einmal die Antworten der Kinder auf zwei ihn besonders interessierende Fragen: Wie hat die Mutter Gottes ausgesehen? Und: Woher weißt du, dass das, was du gesehen hast, die Mutter Gottes gewesen ist? *Ich habe es erst später begriffen nach den folgenden Erscheinungen. Nach dem, was man mir erzählt hat, und nach den Bildern weiß ich, dass sie die schönste unter den Frauen ist.* Und ein anderes Kind meinte, es hätte *eine Krone aus Sternen* gesehen und da *seien sie sicher gewesen, wer es sei.* Und zu ihrem Aussehen bemerkte ein Seher: *Als wir sie das erste Mal sahen, haben wir nicht genau hingeschaut; sie war weit weg. Beim zweiten Mal, als wir ihr ganz nahe waren, trug sie ein graues Kleid, einen weißen Schleier. Sie hatte blaue Augen, schwarze Haare, rosige Wangen, links schauen die Haare unter dem Schleier hervor; man sieht, dass sie gewellt sind. Sie lächelte und schien fröhlich…*

Wieder und wieder geht Alfred die gesammelten Zeitungsartikel und Presseschnipsel durch, gespannt, unruhig, und ja: fragend auch. Keinen roten Faden vermag er zu erkennen hinter den Geschehnissen, hinter den Berichten zu den Seherkindern, zu deren Leben und Ideologien, hinter den Beschreibungen von Medjugorjes Landleben im Frühsommer 1981 in einer relativ intakten kommunistischen Umgebung, die der Kirche und ihren Besuchern Freiräume ließ, sie (und ihre Fantasien?) nicht beengte. Alfred sucht nach Gemeinsamkeiten zwischen *dort* und *hier*, Medjugorje und Schondorf, Seherkindern und einem Büroangestellten. Und es quält ihn, nichts finden zu können, was ihn verbindet mit Iwanka oder Mijana, keinen Hinweis auf eine Beziehung zwischen dem Podbrdo und dem Schondorfer Waldweiherweg, ganz zu schweigen von der fehlenden Botschaft in Schondorf. Sie waren auserwählt, gewiss, aus nicht verständlichen Gründen, ihrer Umgebung etwas mitzuteilen von oben, er hingegen hat nichts empfangen oder gehört und gesehen, was er nun übermitteln könnte. Sicherlich: auch die Schondorfer könnten ihren Lebenswandel bessern und Gott *mehr die Ehre geben*, wie es *dort* geheißen hat. Und insgeheim hätte es Alfreds Seele gut getan, die Falschheit seiner Mitbürger sozusagen mit einer himmlischen Autorität zu brandmarken. Aber es gibt nichts zu erzählen, nicht einmal eine Andeutung scheint möglich, ohne sich komplett lächerlich zu machen und Gelis Fantasie und Gebhards Parolen noch mehr Nahrung zu geben.

Es bedrückt Alfred also, keinen Sinn zu sehen hinter seinen Erlebnissen, zu zweifeln an seiner seelischen Gesundheit und – vor allem – nicht darüber reden zu können, was ihm widerfahren ist. Und hätte er nicht soviel Aufmunterung beim Dr. Kästner erfahren, wer weiß, ob er nicht auch noch nach einem Grund geforscht hätte für irgendeine Bestrafung *von oben*. Niemand wird seine Beobachtung teilen oder seine inneren Bilder bestätigen können. Kein Schondorfer wäre bereit, ihn jetzt noch ernst zu nehmen als einen der Ihrigen. Und Maria würde sich auch nicht mehr zeigen, um ihn zu retten vor seinen Halluzinationen, die, falls sie ihn tatsächlich heimgesucht haben sollten, erst dann aufhörten zu peinigen, wenn sie *augenscheinlich* nicht mehr existierten.

So jedoch trügt der Augenschein, und Alfred Kummer ist sich seines Lebens nicht mehr sicher und fürchtet sich vor dem Tag der Wahrheit. Alfred hat großen Kummer!

XI. Festen

Noch ein letztes Mal war der Egers Toni an diesem Samstag durch Schondorf gefahren mit seinem alten Kadett, hatte Station gehalten an jeder Ecke, und war noch eigens beim Ochsen eingekehrt, um das doch längst allen bekannte Festprogramm zu verkünden. Hundert Jahre Freiwillige Feuerwehr Schondorf, hundert Jahre Ehre, Mannhaftigkeit, berühmte Episoden, lange Feste, wenige Einsätze, dafür durchaus Dramatisches, nicht nur bei den Alliiertenangriffen vom Februar und April '45, sondern auch schon vorher und auch später. Hundert Jahre voller Nostalgie, alte Bilder von Pferdekutschen mit Spritzenwagen, spitzbärtige Haudegen aus der Hauptstraße, mit Stolz in hohen Stiefeln posierend für die Chronik von 1957 für das 75jährige Jubiläum, vor den neuen Hydranten am ebenso neuen Gemeindehaus in der Raiffeisenstraße, umrankt vom Landrat und dem Gemeinderat und den mit ihrer Tracht geschmückten Bauersfrauen von der Genossenschaft und natürlich dem Bürgermeister Erhard, dessen Nachfolger später Heinrich Bretscher wurde.

Am Abend dieses Tages war das ganze Volk in die Mehrzweckhalle geströmt, um dabei zu sein, wenn die Jubilare geehrt wurden. Petrus Canisius mit der silbernen Treuenadel für 25jährige Mitgliedschaft im Feuerwehrsvorstand, vom Landrat Dr. Wiesner höchstpersönlich, zweifellos ein stolzer Augenblick beim Händedruck unter aller Augen in der gefüllten Halle und den Fotoapparaten der hiesigen Lokalblätter, ebenso der Ansgar Müller und der Kroners Paul für 50jährige Mitgliedschaft in der Freiwilligen Feuerwehr mit der Goldenen Nadel. Und auch des kürzlich verstorbenen Schmitts Edgar, des Bruders vom alten Postbot, wurde mit einer Schweigeminute gedacht, weil er mit 65 Jahren Vereinsbuch das dienstälteste Mitglied der Feuerwehr und schon bei der so genannten Entnazifierung dabei gewesen war, als die Bürgermeister dem in Helmstadt stationierten amerikanischen Kommandanten alle aktiven Nazis hätten melden sollen, wobei naturgemäß der Schondorfer Ortsvorsteher bei der Bekanntgabe alter Gesinnungsgenossen eher großzügig verfahren war. Die Schweigeminute war allerdings etwas kürzer als ihr Name, weil bereits während der langen hochgescheiten Rede vom Doktor Wiesner das Bier nur so geströmt war und die Blaskapelle recht ordentlich eingeheizt hatte mit dem Radetzkymarsch, so dass kaum noch besinnliche Gedächtnisstimmung hatte aufkommen wollen.

An diesem Tag jedoch, am samstäglichen Höhepunkt der Feierlichkeiten mit dem Gedenkgottesdienst für alle gefallenen und verstorbenen Mitglieder der Freiwilligen Feuerwehr und der Weihe der neuen Fahne durch Herrn Pfarrer Berninger, war auch Alfred Kummer zu Gast, da zu den Letztgenannten sein ehrenwerter Vater Emil gehörte, welcher seit seiner Jugend in der Feuerwehr war, schon damals im August 1937, als die Männer verdächtig langsam ausgerückt waren, weil der Hof des Aussiedlers brannte, der bekanntermaßen ein Gegner der braunen Mitläufer war und von daher in den dreißiger Jahren zu den ungeliebten Bürgern Schondorfs gehört hatte. Freilich wurden heute derartige Untaten nicht erwähnt und schon in der Festchronik von 1957 schienen die tausend Jahre von '33 bis '45 nicht mehr zu existieren.

Als zum Abschluss das Blasorchester *Ich hatt' einen Kameraden* erklingen ließ und sich alle von ihren Plätzen erhoben, war der offizielle Teil des Samstagabend beendet und die Schondorfer Festgemeinde war zu Kesselfleisch und Sauerkraut eingeladen. Die sonntägliche Begegnung mit den Nachbarwehren aus Sennfeld, Holzhausen und Preisgau am Sportplatz draußen sollte dann nur noch ein Ausklang der Feierlichkeiten sein.

Petrus Canisius gab einen aus, für die Treuenadel natürlich, aber auch, weil ihm seine Frau davongelaufen war im Jahr zuvor, einer der ersten Ausbruchversuche aus

Schondorfs heiler Welt, und weil es somit für ihn eine willkommene Abwechslung war, nach dieser Schmach wieder mal im gefeierten Mittelpunkt zu stehen. An seinem Tisch waren die Herren Gebhard Pfister, Ansgar Müller, Jocks Peter und Bruno Kroner versammelt, ebenso einige alte *Weiber* vom Seniorennachmittag, wie sie genannt wurden, unter anderem Jocks Anna und die alte Geli. Eine illustre Gemeinschaft von leicht angetrunkenen, ehrbaren und gar geehrten Mitgliedern einer Dorfgemeinschaft hatte sich da also eingefunden, welche sich bei solchen Festen gerne hochleben ließ. Man redete von der *Sparkassenaffäre* des Landrats, über die erst eine Woche zuvor der Helmstadter Bote berichtet hatte, nur am Rande, auch das furchtbare Erdbeben in der Mongolei, die große Friedenskundgebung gegen die Aufrüstung in Bonn und der unerwartete Tod von Romy Schneider, auch in Schondorf als Kaiserin Sissy sehr beliebt, waren nur einen kleinen Zwischenruf von der Anna wert.

Dafür waren die Neuigkeiten vor Ort im Mittelpunkt des Interesses. Dass man jetzt schon überlege, mit Munzinghausen zusammen eine erste Mannschaft aufzustellen, galt als Skandal geringerer Größe, weil es einfach peinlich war, dass der Sportverein seit Jahren in der untersten Klasse dahindümpelte und nicht mehr vom Fleck kam, wo doch die Mannschaft um Bruno Kroner damals, Ende der '60er Jahre, sogar einmal in der Bezirksliga gespielt hatte und den TV Helmstadt schlagen konnte, von dem man heute mittlerweile um fünf Spielklassen getrennt war. Freilich wäre es für den Bruno noch angenehmer gewesen, hätte dieser Skandal mehr Raum eingenommen, da er ja beim Aufstieg in die Bezirksliga als Torschützenkönig maßgeblichen Anteil am Höhenflug gehabt hatte.

Aber die *Skandal- und Tratsch-Skala* in Schondorf konnte auch ein altgedienter Bruno Kroner nicht einfach ändern. Es gab nun mal Skandale geringer, mittlerer und allergrößter Tragweite, drei fest umschriebene und doch nicht genau definierbare Kategorien, die jeweils mit einem bestimmten Prolog eingeleitet wurden.

Weißt du eigentlich schon..., wies auf ein Thema hin, welches zwar kurz, manchmal sogar lustvoll behandelt wurde, aber sonst nicht länger die Gemüter beschäftigen konnte. *Weißt du eigentlich schon*, dass sich die Bruna vom Heinrich scheiden lassen will, oder *weißt du eigentlich schon*, dass sie dem Herrmann schon wieder den Führerschein abgenommen haben? Dann gab es die mittlere Kategorie des Entrüstens, ebenso nicht Topthema des Abends, aber immerhin schon Anlass für erhitzte Debatten und offene Meinungsverschiedenheiten, meist nach der unverfänglich klingenden Einleitung *Habt ihr es auch schon gehört*. *Habt ihr es auch schon gehört*, dass der Rudi depressiv sein soll und schon lange Medikamente nimmt? Das war ein beliebtes Reizthema vom Gebhard, worüber er sich heftig aufregen konnte. Für die einen war der Rudi ein fauler

Sack, der nicht mehr arbeiten wollte, während die anderen am Tisch immerhin die geistige Größe hatten, von einer Krankheit zu reden, von Irgendwas-im-Kopf-nicht-richtig. Und *habt ihr es auch schon gehört*, fragte Ansgar, dass der Egers Toni eine Freundin in Preisgau habe, ausgerechnet dort, und dass seine Frau dies noch immer nicht wisse? Das Kontroverse hierbei war, dass Emil, Paul und Ansgar fanden, dies sei doch nicht so schlimm, wo doch seine *Alte* wirklich eine Kratzbürste sei, während Anna und Geli und auch Bruno der Meinung waren, so einer wie der Eger dürfte doch nicht mehr zweiter Bürgermeister sein, wo da doch die Christenlehre und der Anstand auf der Strecke bleiben würden.

Und dann gab es die dritte Kategorie von Schrecken, Trübsal, Skandal oder vornehmer Entrüstung, die einen Abend schon mal im Alleingang rettete, weil man bei solchen Dingen gut einer Meinung sein konnte und den eigenen Kummer, falls dieser beim Bierpegel noch nach oben zu dringen vermochte, für einige Stunden oder gar eine lange Nacht völlig vergessen konnte. Noch unscheinbarer, undramatischer, ja scheinbar nebensächlich wurde nun in Schondorf solches angekündigt: *was soll man denn dazu sagen? Was soll man denn dazu sagen*, dass die Tochter vom Ochsen-Metzger keine Frau mehr sein will, sondern sich jetzt Bernd nennt und ihr oder ihm sogar Barthaare sprießen und sie oder er sich eine Freundin zugelegt hat und jetzt auf Familie macht? Und *was soll man denn dazu sagen*, dass sie den Pfisters Gebhard in Sennfeld beim Scheuringer schon wieder entlassen hatten wegen seines steten Alkoholkonsums, wo er doch fast zwei Jahre lang zuvor arbeitslos gewesen und der Gemeindekasse auf der Tasche gelegen sei trotz seiner sporadischen Einsätze für die Waldgenossenschaft im Hohen Park draußen?

Es ist bereits elf Uhr abends, als am Tisch Aufbruchsstimmung herrscht. Jocks Anna ist längst gegangen und auch der Gebhard hat bereits mehrmals gegähnt. Ebenso hat das Blasorchester die Bühne bereits verlassen und aus den Lautsprechern sind noch einige gängige und für solche Feste obligatorische Schlagerschnulzen zu hören, so dass Peter Kraus und Heino das lange festliche Wochenende zu beenden scheinen. In diesem Augenblick wird nochmals eine Frage gestellt: W*as soll man denn dazu sagen*, dass dem Kummers Alfred die Muttergottes erschienen sein soll?

Die Bombe hat Geli platzen lassen zur späten Stunde, zu der sie sonst wohl schon längst im Bett liegt und vor sich hin schnarcht. Die sensationelle Nachricht wird in die Welt gesetzt, als niemand damit rechnet. *Was soll man denn dazu sagen*, fragt also die Geli, und niemand weiß, was man dazu denn sagen könnte. Geli genießt den Augenblick der Erstarrung sichtlich, den kleinen Schock nach der Nachricht, wo noch alles möglich scheint: ein nicht enden wollendes Gelächter oder ehrfürchtiges Staunen, stürmische Debatte oder nachdenkliches Schweigen. Was soll man denn dazu sagen? Bruno findet als erster wieder seine nur kurz verlorene Fassung und stellt die Frage, die gestellt werden muss, die Frage, die jetzt unvermeidlich erscheint, ohne die zu stellen der Abend nicht weitergehen würde: woher sie denn dies wisse?

Gelis Intelligenz war nicht sehr hoch, *einfach strukturiert* sei sie, wie Alfred einmal im Ochsen verlauten ließ, wobei die Anwesenden ausnahmsweise einig gewesen waren mit seiner These. Ja, Geli gehörte zwar zum Nachrichtendienst in Schondorf und bot stets bereitwillig genügend Gesprächsstoff für langweilige Familienfeste oder vorhersehbar uninteressante Stammtische beim Ochsen. Aber dass nicht alles auf die goldene Waagschale zu legen war, was sie berichtete, das schien den meisten Schondorfern klar zu sein. Dies bedeutete jedoch nicht, dass man auf Geschwätz wie das ihrige hätte verzichten wollen. In der Ereignislosigkeit eines Dorflebens ist die Sensation immer willkommen, so dachten wohl viele Schondorfer. Aber die Frage von Bruno scheint unvermeidlich und Geli auch auf sie vorbereitet zu sein, selbst wenn sie nicht in der Lage sein sollte, mit einer bestimmten Taktik vorzugehen. Aber diese Bombe ist so scharf, dass sogar die Geli die Streuung ihrer Splitter vorhersehen kann: Vom Postbot, vom Alten, habe sie die Nachricht von Alfreds Erscheinung gehabt! Woher der sie allerdings habe, wisse sie auch nicht, aber sie könne bestätigen, dass der Postbot von einer *sicheren Quelle* redete.

Vergessen ist der Seitensprung vom Egers Toni, uninteressant geworden ist Rudis Depression, selbst die kurz und heftig entflammte Aufmerksamkeit über *die Bernd* vom Ochsen-Metzger scheint rasch wieder verschwunden zu sein, jetzt, da diese Neuigkeit alles in den Schatten stellt. Nein nein, der Postbot wisse, wovon er geredet habe, er sei sich ganz sicher gewesen, meint Geli. *Was soll man denn dazu sagen*, dass so etwas bei uns in Schondorf passiert, fragt Ansgar, und der Kramers Paul kann es noch immer nicht fassen, warum ausgerechnet hier in Schondorf ausgerechnet der Alfred eine Erscheinung gehabt haben solle, wo der doch überhaupt nicht so richtig katholisch sei. Jawohl, in die Kirche rennt er schon lange nicht mehr, erwähnt Geli, selbst bei der Jahresmesse für seine Großtante sei er nicht dabei gewesen und habe sich wohl wieder auf seinen Spaziergängen herumgetrieben, ob er wohl nichts besseres zu tun habe, als ständig spazieren zu gehen und in seinem Haus überhaupt nicht mehr richtig zu putzen? *Was soll man denn dazu sagen,* dass der Alfred vielleicht auch nicht ganz richtig im Kopf sei, und sich da was eingebildet habe, fragt Ansgar, und ob es denn für die Erscheinung Zeugen geben würde?

Es ist, als ob die versammelte Runde über einen Röntgenblick in Alfreds Innen- und Außenleben verfügen würde;

jedenfalls werden nun alle möglichen und unmöglichen Episoden aus seinem Leben breit gewälzt, natürlich die Geschichte mit Thea, und dass er der Vreni nachgaffe, dass er halt auf der Strecke geblieben sei, ein eigenwilliger Junggeselle, und, ebenso selbstverständlich, seine Nackedei zuhause, es sei doch wohl schon ziemlich seltsam, wie er sich manchmal benehme.

Zur vorgerückten Stunde, es geht bereits auf Mitternacht zu, behält Gebhard Pfister einen kühlen Kopf und erklärt, ohne jedoch auch nur in die Nähe einer Sympathie mit dem Alfred gerückt zu werden, dass er dem alten Postbot nicht so ohne weiteres glauben wolle, wenn der nicht sagen könne, woher er die Sache habe. Man könne ihn doch selber fragen, meint Bruno, er sei ja vorhin noch hinten am Tisch gesessen. Die Bombenlegerin Geli will jedoch auf einen letzten kleinen Triumph von unbändigem Staunen und vollster Aufmerksamkeit nicht verzichten und zeigt sich bereit, die Herkunft ihrer scharfen Munition zu nennen, weil es ihr der alte Postbot selber gesagt habe. Da er, so gibt sie nun zu Protokoll, doch manchmal seiner Vreni auf der Poststelle helfe, sei ihm schon aufgefallen, dass der Alfred öfters der Thea schreibe. Nach einem kurzen beifälligen Gelächter in der Runde fährt sie fort, der Postbot habe ihr dann erzählt, dass er beim letzten Brief an Thea doch neugierig geworden sei, was er denn immer noch zu schreiben hätte, wo sie doch schon längst verheiratet sei, und da das Kuvert nicht richtig zugeklebt gewesen sei, habe er der Versuchung nicht mehr widerstehen und somit lesen können, wie der Alfred selber von seiner Erscheinung erzählt und jammert, und wie er sie sogar in Einzelheiten beschrieben habe mit einer blühenden Phantasie, die doch bestimmt irgendwie krankhaft sein müsse. Jedoch habe der Postbot ihr das alles nur im Vertrauen gesagt, und deswegen wolle auch sie, Geli, nun das Ganze nur im Vertrauen gesagt haben.

Aber schon auf dem Nachhauseweg wusste jeder Dabeigewesene bereits, dass ein solches *Im-Vertrauen-gesagt* nicht einen einzigen Tag, nicht einmal eine einzige Stunde in Schondorf überleben konnte, weil die Versuchung des alten Postbot keine Einzeltat war, sondern eher als eine Krankheit der gesamten Schondorfer Seele zu diagnostizieren war, ganz im Vertrauen natürlich, sozusagen wie unter einer ärztlichen Schweigepflicht. Und die Wege in Schondorf für solches *Im-Vertrauen-Gesagte* waren schon immer sehr geradlinig, unaufhaltsam und schnell breiter werdend, uferlos sozusagen. Und ja, hemmungsloser auch. Fast wie eine Sturmflut. Oder noch schlimmer.

Montag, 10. September 1982

Endlich ist das ordinäre Fest vorbei. Was würden sie sagen, wüssten sie, was ich wirklich denke? Über meinen Vater? Über den sinnlosen Krieg? Über Thea? Über die

Monotonie im Büro? Über mein so ereignisloses Leben? Was würden sie sagen, wüssten sie, was mir mit der Erscheinung passierte? Würden sie das Feuer in meinem Kopf auch löschen?

XII. Rückblicke

Bereits im Frühjahr 1945 hatte der junge Alfred Kummer zum ersten Mal sogenannte Erschöpfungszustände. Er konnte kaum noch essen, schlafen oder klar denken. Und er zog sich von seinen Spielkameraden völlig zurück. In den ersten Wochen und sogar Monaten nach den kurz aufeinanderfolgenden Wehrmachtsbriefen der Divisionsstandorte in der Normandie war noch nichts Beunruhigendes feststellbar gewesen. Der Tod seiner beiden Brüder machte den Jüngsten, nunmehr einzig überlebendes Kind, zwar fassungslos, aber nicht ohnmächtig. Wie in *Trance*, so Alfred einmal, seien diese ersten Wochen und Monate danach an ihm vorübergegangen, er hatte wohl das Wort mal irgendwo in einem gescheiten Gespräch aufgeschnappt. Ja, er hatte sein Leben weitergelebt, war keinen Tag von der Schule ferngeblieben und hatte interessiert mit seinem Vater Emil im Rundfunk die neuesten Nachrichten von der Front gehört, wohl wissend, dass es nicht mehr lange dauern konnte, bis alles wie ein Kartenhaus zusammenbrechen würde. Vielleicht war Brigitte, innerlich längst gebrochen durch den Verlust ihrer beiden Söhne, durch dieses sinnlose Verlöschen blühenden Lebens für eine sterbende Idee, etwas zärtlicher mit ihm gewesen, behutsamer, ihn in Schutz nehmend vor den unberechenbaren Wutanfällen Emils, der nach dem Tod von Karl noch unausstehlicher wurde und zu trinken begonnen hatte, was er bis zu seinem Tod 17 Jahre später nicht mehr lassen konnte.

Aber Alfred war nicht so stark, wie er nach außen wirkte, nicht so unzerbrechlich, wie er beim Fußballspiel am Dorfweiher zu sein vorspielte, im Sommer 1944, als die spielenden Buben vor den angrenzenden Weizenfeldern eine schräge Idylle angesichts der zu erwartenden alliierten Angriffe zeichneten. Und Alfred war mittendrin, als ob kein Krieg sei, als ob Johannes und Karl und einige andere hoffnungsvolle Männer aus Schondorf noch nicht umgekommen wären. Alfred spielte durch, hielt durch, redete durch, kämpfte und prügelte sich durch, wie es eben unter 14jährigen Jungen auch in Zeiten des Krieges der Fall war, lernte seine Mathematik und berechnete Geraden, obwohl nichts mehr in der Welt gerade war, und stets konnte er die wichtigsten Daten des Deutschen Reiches seit Otto dem Großen aufsagen, obwohl es nur noch ein wichtiges Datum geben konnte: des Ende des Krieges, die *Kapitulation*. Von diesem Fremdwort hatte Alfred jetzt schon öfters gehört, es musste etwas Furchtbares und gleichzeitig Erlösendes sein, so wie die Erwachsenen heimlich darüber redeten.

Obwohl also alles in Schutt und Asche zu fallen drohte, lebte Alfred in diesem Sommer sein Leben, als wäre es nicht verloren, spielte sein Spiel, als ob die Niederlage noch nicht festgestanden hätte, hörte Lili Marleen im Radio, als ob nicht schon längst alle Töne verklungen und untergegangen wären, und hörte das Kriegsgeheul der Propaganda und die kreischenden Jagdbomber über dem noch unversehrten fränkischen Hinterland. Ja, Alfred hielt sogar noch durch, als die Amerikaner Anfang März '45 in Schondorf einmarschierten und überall die weißen Fahnen geschwenkt wurden von einer sich plötzlich ergebenden Bevölkerung, die naturgemäß schon immer antinationalsozialistisch gewesen sein wollte und den ganzen Krieg schon immer verabscheut hatte. Und er hielt durch, als eben diese Befreier sich hinter dem Kummer'schen Anwesen mit ihren Panzern formierten, um das 15 km entfernte Helmstadt zu bombardieren, dessen Kugellagerfabriken noch immer nicht völlig stillgestanden hatten und die sterbende Rüstungsproduktion der Nazis am letzten glimmenden Funken Leben erhielten – und auch noch die versprengten SS-Trupps und einige verstreute Wehrmachtseinheiten hinter Helmstadt auf die Amerikaner schossen. Natürlich musste er sich die Ohren zuhalten, auch Brigitte und Emil saßen im Keller mit vor Angst verzerrten Gesichtern, als die Kanonen über ihren Hof donnerten mit ohrenbetäubendem Lärm. Und Alfred, der kleine 14jährige Junge, saß zwischen seinen verschreckten Eltern im Rübenkeller, wo noch die letzten Kartoffeln versteckt wurden, und er glaubte sterben zu müssen, weil es keinen Halt mehr gab, weil selbst der jähzornige Vater nicht mehr schreien konnte und Brigitte, die geliebte Mutter, ihn mutterseelenallein neben sich darben ließ, ohne Sicherheit und ohne Beruhigung. Und gleichwohl war Alfred fasziniert, mit einem heiligen Schauder erfüllt, dass keines dieser Stahlmonstren auf ihr Haus fiel, dass der Hof noch nahezu unversehrt war und nur einmal, am 27. März 1945, eine Kugel direkt nach dem Abschuss aus einem Panzerrohr auf dem Dach des Stalles abstürzte, einschlug und ein großes Loch im Boden hinterließ, ohne zu detonieren, ohne eine der vier Kummer'schen Milchkühe ernsthaft zu verletzen, freilich immerhin sie dazu zu bringen, fürchterliche Klagelaute hinauszuschreien, Todesängste gepeinigter Kreaturen, die wohl das Unfassbare auch nicht verstehen konnten. Und das Geschrei der Kühe konnte Alfred in seinem späteren Leben nie mehr vergessen.

Es sei, so Brigitte später, sicherlich das Eingreifen der Heiligen Mutter Gottes gewesen, dass nicht noch Schlimmeres passiert war, und auch dem Heiligen Josef gedachte man an jedem Donnerstagabend nach Kriegsende – noch bis in die fünfziger Jahre hinein – wegen seines besonderen Schutzes. Und Alfred sind noch immer die immer wiederkehrenden Worte im Ohr: „*Oh Heil'ger Josef, du halt' Haus und gieß' des Himmels Segen aus, hier über unser'n kleinen Herd. Dass Lieb' und Eintracht stets sich mehrt...*"

Aber dann kam eben der Zusammenbruch nicht nur des Tausendjährigen Deutschen Reiches, sondern auch der Zusammenbruch des kleinen Alfred, der im Mai 1945, nur wenige Tage nach dem Ende, auf sein eigenes Ende zuzugehen schien, nicht mehr richtig aß, abwesend wirkte (*apathisch* nenne man dies, so erklärt es ihm dann Dr. Kästner) und sich völlig zurückzog. Selbst mit Klaus, seinem besten Schulfreund, wollte er sich nicht mehr treffen, der Fußball, aus echtem Leder, ein Geschenk zu seinem 13. Geburtstag vom *Dot* Georg, lag achtlos in der notdürftig reparierten Scheune herum, und selbst am Sonntag morgen ging er nach der Kirche sofort wieder nach Hause. Es wurde Sommer, Herbst und Winter, und Alfreds Zustand wurde immer bedrohlicher, weil er abmagerte, sich immer mehr absonderte, furchtbare Träume hatte von stürzenden Jagdbombern und schreienden Brüdern, und sich sogar den in Schondorf sonst so heißgeliebten Winterfreuden versagte, nicht mehr zur gefrorenen Kläranlage zum Eishockeyspielen mitging und auch seine von Emil gebastelten Skibretter verzweifelt im Keller stehen ließ.

Man ging mit dem Buben zum Dr. Franz nach Sennfeld, der mit ihm auch nichts Rechtes anzufangen wusste und einfach eine Luftveränderung verordnete, woraufhin Alfred zu seinem *Dot* Georg nach Würzburg gehen durfte für zwei Monate, nachdem auch der Lehrer und der Pfarrer Brigitte gut zugeraten hatten. Und der *Dot* war ihm ein fürsorgender Freund, woraufhin sich Alfred wieder einigermaßen erholte, neue Farbe im Gesicht bekam, an seinen mageren Rippen etwas zulegte und schließlich im Frühjahr '46 nach Schondorf zurückkehrte, nicht in alter Frische, aber sich doch wenigstens wieder einfand im Dorfbetrieb von Schule und Spiel, Acker und Gebet. Die schlimmen Träume freilich hatten nicht mehr aufgehört, und immer mal wieder suchten sie ihn in schlaflosen unruhigen Nächten heim, so dass sich Alfred schwitzend in seinem Bett wälzte, ohne dass seine Mutter Brigitte, geschweige denn sein Vater, hätte richtig verstehen können. Und Alfred, der in seinen 15 Jahren schon so viel Härte und Elend hatte erleben müssen, hörte nie auf, sich in Tagträume zu flüchten, wo es keine Flammen mehr gab, und ein Traum war gewesen, dass ihm die Maria erscheinen würde, durch sein Fenster hereinkommend, irgendwie fein und sanft, und dass sie ihn beruhigen würde in seinem Schmerz, ihn fest an ihr Herz drückend, weil das von der Mama nicht mehr so richtig schlagen wollte.

Dr. Kästner hört schweigend zu, ungläubig staunend über Alfreds lange Ausflüge in seine Kindheit. Und fast vergisst er, dass draußen noch der alte Siegfried sitzt mit seinem Hämatom, und die Elsbeths Frieda mit ihrer Commotio, weil sie beim Mistausfahren an der *Gabel* hängen geblieben ist und sich eine Platzwunde an der linken Schläfe geholt hat. Und auch der Egers Toni ist noch am Warten, er hätte schon seit einer halben Stunde seinen Termin gehabt, immer die gleiche Geschichte mit seiner zerfressenen Leber, wo er schon zweimal im Stift gelegen ist, und noch immer nicht mit dem Trinken aufhören kann. Und zwischen all diesen Schondorfer Patienten mit ihren wiederkehrenden Sorgen und Schmerzen ist nun vor ihm eine sonderbare Krankheit ausgebreitet, von einem außergewöhnlichen Schondorfer mit einem ungewöhnlichen Blick für das Innere, wie Dr. Kästner feststellt, und gerne noch würde er dem Alfred weiter zuhören. Er hält ihn zwar auch für etwas verrückt, aber doch in dem Sinn, dass in ihm etwas aus dem Gleichgewicht geraten ist und ihn völlig durcheinander gebracht hat. Da er selber Atheist ist, weiß er mit Marienerscheinungen nicht allzu viel anzufangen, aber er hat ein großes psychiatrisches Interesse für ekstatische Visionen! Freilich ist er sich bei Alfred nicht mehr so sicher, was genau *in* ihm oder *über* ihm passiert ist, welche Stimmen sich da bei ihm gemeldet haben, und ob er ernsthaft krank sei an der Seele, oder wirklich etwas Besonderes erlebt habe. Mit an Sicherheit grenzender Wahrscheinlichkeit möchte er Letzteres ausschließen, aber die Tür zur anderen Wirklichkeit ist nun auch für den Doktor einen winzigen Spalt aufgegangen, hinter welchem sich Unvorstellbares verbergen könnte. Und er meldet Alfred an für einen Aufenthalt in der Psychiatrischen Universitätsklinik von Würzburg.

XIII. Heldengedenken

Am Dienstag, dem 11. September, kurz nach dem Festjubiläum der Feuerwehr, feierte der alte Jocks Sepp den 90. Geburtstag. Bereits am Morgen hatte Bürgermeister Hofbauer seine Aufwartung gemacht, mit einem großen Strauß Nelken und einer Box original kubanischer Zigarren, in einer Preiskategorie, dass im Gemeindehaushalt ein eigener Etatposten für solche besonderen Geschenke bewilligt werden musste. Schließlich war der Jocks Sepp nicht nur der zweitälteste Mann in Schondorf, sondern er gehörte auch zu den Honoratioren, weswegen Vertreter des Helmstadter Tagblatts und des Rhöner Botens erschienen waren, um den hinter Sepps Rollstuhl posierenden Bürgermeister zu fotografieren. Am Abend stellte sich ein breites Aufgebot von Gratulanten ein: Hofmann, der Feuerwehrkommandant, war ebenso zugegen wie Liesbeth Kieslinger, die Vorsitzende vom Bauernverein; der Sportverein bestellte Grüße genauso wie die Hubertusschützen und die Waldgenossenschaft, weil sie alle den

Jocks Sepp zu ihrem Ehrenmitglied ernannt hatten, zu seinem Achtzigsten damals.

Jocks Sepp war ein Schondorfer, wie er im Buche stand. Schon früh geheiratet und den Hof seines Vaters übernommen, schenkte er drei strammen Burschen das Leben, von denen es der älteste sogar bis zum Rechtsanwalt in Würzburg gebracht hatte, während die beiden jüngeren in Schondorf geblieben waren und das ehrbare Bauernhandwerk ausübten, Johannes auf dem eigenen Hof und Peter im Hof seiner Schwiegereltern. Sepp war früher einmal Gauturnmeister gewesen am Reck und längst verblichene Fotos in seinem stickigen Wohnzimmer kündeten von alter Frische in den Jugendjahren, wo er für seine Umschläge und Drehungen bewundert wurde. Und natürlich war er auch in der Feuerwehr Ehrenmitglied, schon seit über einem halben Jahrhundert dabei und bereits beim 75. Jubiläum geehrt. Und als ehemaliger Feldgeschworener, Kirchenpfleger, Himmelsträger an Fronleichnam und unter Bretscher zweiter Bürgermeister und ehemaliger CSU-Ortsvorsitzender hatte er sich derart viele Meriten angehäuft, dass seine alte Hütte an diesem Abend einem Tollhaus glich, voller Kindergeschrei seiner Enkel und des einen Urenkels, voller klingender Gläser, von seinen Schwiegertöchtern ausgeschenkt, und die gesamte Nachbarschaft kam, um auf ihn anzustoßen und auf seine nächsten zehn Jahre, denn noch nie war es einem Schondorfer vergönnt gewesen, die große Altersgrenze von 100 zu durchbrechen.

Auch Geli, ihres Zeichens Schwägerin von Sepp, war da, und Ansgar und Gebhard durften genauso wenig fehlen wie die Jocks Anna, nicht verwandt mit ihm, aber doch seit urdenklichen Zeiten mit ihm befreundet und willkommene Tratschpartnerin im Seniorenclub, und Petrus Canisius und sein Schwager Paul Kroner, gemeinhin als die heiligen Petrus und Paulus bekannt, hielten ebenfalls noch *die Stange*, wie es in Schondorf bei solchen Gelegenheiten ausgedehnten Feierns geheißen hat. Als es zur späten Stunde etwas ruhiger wurde, weil die Kinder längst zu Bett geschickt worden waren, sich die offiziellen Gäste und Vereinsabordnungen verabschiedet hatten und auch die Blaskapelle, genügend mit Bier und Schweinebauch versorgt, von dannen gezogen war, blieb man nun plötzlich unter sich, und mit gelöster Zunge kam man auf den alten Postbot zu sprechen, der sich in seinen alten Tagen nochmals als Detektiv bewährt hatte, wie Geli sagte, woraufhin der Jocks Sepp, eigentlich von dem langen, fast unendlichen Gratulationsparcours schon recht ermüdet, noch einmal aus seiner Schläfrigkeit erwachte und eine Neuigkeit erahnte. Gebhard erklärte ihm, dass der Postbot einen Brief geöffnet habe und man nun so einiges wisse, was in Schondorf passiert sei. Jocks Anna ergänzte, dass es ein Brief vom Kummers Alfred gewesen sei, den der Postbot gelesen habe, und dass es eigentlich nicht ganz recht gewesen sei von ihm, solches zu tun, wo doch der arme Alfred bestimmt nicht viele Leute habe, denen er Briefe schreiben könne. Und Ansgar meinte, dass er es der Geli ja nicht unbedingt hätte zu erzählen brauchen, wobei diese bestätigte, dass ihr das Wissen auch eine Last sei, wo sie doch dem Alfred nie etwas Böses gewünscht habe, auch wenn, wie der heilige Petrus anfügte, sie doch auch das damals mit der Nackedei von Alfred erzählte, und sein Heiligenkollege musste heimlich grinsen, wenn er an die Schnapstouren von Geli im Ochsen dachte, die ihre Sinne trübten und ihre Unschuld Alfred gegenüber nicht gerade glaubwürdig machten. Sie beide, Petrus und Paul, waren ja schon am Sonntag morgen im Ochsen beim wegen des Festgottesdienstes am Samstag ungewohnt frühen Frühschoppen vom Bruno informiert worden über die Nachrichtenbombe, und die anwesenden Siegfried, Jocks Heini und der Egers Toni hatten ungläubig staunend der Nachricht über das Schondorfer Wunder gelauscht.

Der alte Sepp, ganz benommen in seinem Rollstuhl sitzend, möchte nun doch wissen, worüber da jetzt die ganze Zeit geredet wird, und schließlich ist es wiederum Ansgar, unterstützt von den Heiligen, dem die ehrenvolle Aufgabe zukommt, dem Jubilar vom Wunder zu erzählen, das dem Alfred widerfahren sein soll, was eben in diesem Brief gestanden habe, den der Postbot glücklicherweise hätte lesen können. Petrus, der früher in Gochsheim auch einmal die Post ausgetragen hat, fragt sich diesbezüglich, ob nicht der Empfänger des Briefes Lunte gerochen habe, und wer überhaupt dieser sei. Dass Alfred immer noch seiner Thea schreibe, dies sei doch fast genauso seltsam wie die Erscheinung am Dorfweiher, wundert sich Gebhard, ein Freund ihres Vaters Bruno, dem früheren Bürgermeister. Gebhard selber, seines Zeichens Vorgänger vom Egers Toni als stellvertretender Bürgermeister und samstäglicher Megaphonansager, kommt noch des Öfteren mit dem Bruno zusammen, welcher auch nicht verstehen könne, dass seine Tochter, eigentlich doch glücklich verheiratet mit zwei wohlerzogenen Kindern, noch immer mit dem Alfred herumkorrespondiere, mit diesem Sonderling, und Ansgar wiederholt noch einmal die Worte seines Kollegen Gebhard am Seefest, dass der Alfred der Postbot's Vreni allzu sehr nachgegafft habe in den letzten Jahren, obwohl die doch so viele Jahre jünger sei als der alte Bock, und vielleicht, so Ansgar, habe dies ja den alten Postbot so erzürnt, dass er dem Alfred eines habe auswischen wollen.

Was soll man denn dazu sagen, dass es jetzt auch in Schondorf losgehe mit den Marienerscheinungen, fragt die Jocks Anna in einem plötzlichen ungewöhnlichen Anflug von neuer Sachlichkeit in die Runde, woraufhin sich zunächst einmal ein nachdenkliches Schweigen breit macht. Vielleicht solle man den Herrn Pfarrer benachrichtigen, zeigt sich nun der Jubilar äußerst lebendig und wach, woraufhin Gebhard eher den Bürgermeister Hofmeister informieren möchte, damit dieser schon mal den Gemeinderat auf mögliche kommende Zeiten hinweisen könne, denn schließlich gebe es da, wo die Jungfrau erscheint, immer gleich auch richtige Menschenmassen, die ebenfalls an solchem Spuk teilnehmen wollten. Dies wiederum erzürnt den Paul Kroner, der schon immer ein gläubiger Katholik gewesen ist und sich ein solch böses Wort vom Spuk verbitten wolle, woraufhin ihn der Ansgar gleich der Kumpanei mit dem Alfred verdächtigt. Es geht also hin und her, Maria, die jüngste Schwiegertochter vom Sepp, bringt noch einmal zwei Bocksbeutel vom *Würzburger Stein,* und wiederum werden die Gläser gefüllt, noch einmal angestoßen auf das Wohl vom Jocks Sepp, auf seine nächsten 15 Jahre, auf Schondorf und auf alle Verrückten wie sie, die noch nicht dafür gesorgt hätten, dass der Alfred endlich sein Maul halte.

Dies hat der Ansgar gesagt, und wieder herrscht kurz ein beklemmendes Schweigen, während alle betreten in ihre Gläser starren. Sein Bruder weiß schließlich, was gemeint war, auch die Heiligen protestieren nicht, und Geli und Jocks Anna haben genügend Fantasie, woran der Ansgar gedacht hat in diesem Augenblick. Besser einer hält das Maul, als dass ein ganzes Dorf der Lächerlichkeit preisgegeben würde, deklamiert Petrus mit einem Pathos in seiner Stimme, so als ob er sich mitten im Sömmersdorfer Passionsspiel befinden würde. Und die Gläser werden gehoben und alle schwitzen und reden wild durcheinander. Und der alte Sepp kann sich nicht erinnern, jemals einen so schönen Geburtstag wie heute gefeiert zu haben.

XIV. Waidmannsheil

Das Milchgrau des alten Bettgestelles ist kaum zu unterscheiden von dem verschmutzten Weiß der Wände, die nur durch drei moderne Picasso-Poster einen minimalen Farbtupfer erhalten. Es riecht auf eine eigenartige Weise süßscharf nach Putzmitteln aus dem kleinen Unterschrank unterhalb des vergilbten Waschbeckens und nach Essigreiniger, den die Putzfrau vorhin vergessen hat. Willkommen ist sie, etwas Abwechslung in kalter Zeit und in schweigender Zurückgezogenheit, weil sie ein warmes Lachen übrig hat für Alfred, ihn nicht mit den abschätzigen Blicken der Psychiater oder dem mitleidigen Gestus der Oberschwester taxiert. Und sie begegnet Alfred auch ganz anders als der wissenschaftlich interessierte Doktor Weidmann, der Assistenzarzt, der sich beim großen Professor Schmidhuber habilitieren möchte zu einer Arbeit über religiöse Wahnvorstellungen.

Alfred hasst ihn, und er hasst das Wort *Habilitierung*, weil er sich nicht verstanden fühlt, und er hasst Weidmanns endlose Fragerei nach den Träumen, nach Emil, nach Thea, nach seiner Mutter, nach seinem Ministrantendasein in St. Bonifatius von Schondorf, nach seinen Erlebnissen mit der Onanie und dem Küssen, nach dem Krieg und dem Tod seiner Mutter, nach seinem Verhältnis zur Religion und so weiter. Es fühlt sich so schonungslos und peinlich an wie damals im Beichtstuhl aus den Kindertagen. Die langen Gespräche und Konsultationen kommen ihm eher vor wie ein Verhör, natürlich im Gewand einer wissenschaftlichen Freundlichkeit. Weidmann, der Doktor, versucht die Tiefen seiner Seele zu ergründen, *Waidmann* mit *ai* müsste er heißen, weil er ihn ausnimmt, in zur Strecke bringt, ihn erledigt, ihn zu seinen Trophäen zählt, nur damit er sich *habilitieren* könne. Und er, Alfred, ist ja wohl der einzige und erste Patient überhaupt, der je eine Erscheinung vorzuweisen hatte! Eine Vision von *oben*, von der Mutter aller Mütter. Ja, Waidmann müsste er genannt werden, weil er nichts von der Seele des erlegten Tieres versteht, nichts von den Verwundungen nach dem Schuss, vom Auslaufen des Lebens.

Die Putzfrau Anneliese dagegen ist ihm willkommen, weil sie ihn offensichtlich für normal hält, für einen, der die Menschheit noch nicht verlassen hat. Ihr Essigreiniger wird ihm vertraut, weil *sie* ihm vertraut wird, ihr Geruch und ihre Erscheinung, freundlich, mit hellblauer Schürze und aufgesteckten Haaren, wie eine Madonna sieht sie aus, geschickt zum Trösten und zum Träumen, zum willkommenen Ausbruch aus den langen Verhören unter dem Waidmann. Weil sie eine Frau ist, ja vielleicht auch weil sie ihn an Thea erinnert mit ihren fülligen Brüsten, die er jedoch noch nie berührt hat, mit ihren zarten Händen, meist nahezu keusch verborgen unter den Gummihandschuhen der Klinik.

Der Tag ist *ungewöhnlich* gewesen, in dem Sinne, dass sich Alfred nicht an seine Außergewöhnlichkeit gewöhnen kann, nicht wohnen möchte *außer sich*, außerhalb seiner vertrauten Umgebung in Schondorf, hier in dieser Klinik in Würzburg, unter einem Heer von Nervenärzten und Psychiatern, von Wunderheilern und falschen Zauberern, von Schwestern und Putzkolonnen. Als ob die Zwänge von der Klinik verordnet seien! Als ob jeder Patient, der nicht zwanghaft genug erscheint, so lange durch die Mangel gedreht wird, dass er ohne Zwänge gar nicht mehr leben wolle, weil die Anerkennung in der Klinik die bisher, vor Klinikeintritt, meist versagte Anerkennung eines Leidens genug dafür entschädigt! Als ob hinter den tausendfach verschriebenen Haldolpillen und den Tranquilizern eine beruhigende Normalität zum Vorschein kommen könnte!

Der Tag ist ungewöhnlich gewesen, weil es sein erster Tag hier ist, an dem er ruhig und fest schlafen kann, über sieben Stunden, nahezu ohne Unterbrechung, so dass er am Morgen mit einem lange vermissten Gefühl von Wohlsein erwacht. Der erste Tag seit zwei Wochen Aufenthalt in der psychiatrischen Universitätsklinik von Professor Schmidhuber, vom großen Gott, der doch nichts von den vielen Kreaturen, gottlob nicht von ihm erschaffen, verstehen kann, wie sich Alfred denkt.

Weidmann hat ihm etwas von endopsychischen Funktionen des Bewusstseins erzählt; vom *Gedächtnis*, welches die Verbindung zu Dingen herstelle, die aus dem Bewusstsein verschwunden, d.h. verdrängt worden seien, so wie er verdrängt habe, dass ihn sein Vater mehrmals verprügelt hatte, um ihn dann im Rübenkeller 1945 alleine zu lassen ohne jegliche Berührung; von den *subjektiven Komponenten der bewussten Funktionen*, bei denen es um Neigungen ginge, die der Schattenseite, der wenig bekannten Seite der eigenen Persönlichkeit angehörten, so seiner künstlerischen Ader, die *freilich* in Schondorf weniger geliebt sei, und seiner tiefen Religiosität, die ebenso *freilich,* ein Modewort Weidmanns, durch die schlimmen Erlebnisse mit dem Hochwürden Dr. Bohr schwer gelitten hätte. Weidmann hat weiter doziert, dass es dann auch noch *Emotionen und Affekte* gäbe, weniger psychische Funktionen als vielmehr Ereignisse, bei denen die Ich-Kontrolle praktisch und *freilich* aufgehoben sei. Wenn solches eintrete, dann könne sich der Mensch zwar noch in seinen Reaktionen beherrschen, aber gegen die eigentlichen Emotionen, wie destruktiv und verboten sie auch sein mögen, könne man dann nichts mehr tun. So habe er, Alfred, zwar nicht dreinschlagen müssen, als er von Gelis Geschwätz über seine angeblichen nächtlichen Eskapaden hören musste, habe ihr aber freilich das Schlimmste, ja den Tod selber, wünschen müssen, um zu überleben, nicht ohne Schuldgefühle, aber doch mit einem Rest an Befriedigung. Und schließlich, so der große Meister, gebe es auch noch die *Einbrüche*, wenn der Schatten beziehungsweise das Unbewusste die Herrschaft völlig an sich gerissen hätten und daher ins Bewusstsein einbrechen würden. Diese *Einbrüche* seien außerordentliche Situationen, noch nicht unbedingt *pathologisch*, weil zum Beispiel auch künstlerische Inspiration einen solchen Einbruch darstelle. Und so könnte schließlich auch die Erscheinung in Schondorf verstanden werden, ohne dass freilich auszuschließen sei, dass da vielleicht doch auch etwas äußerlich sichtbar gewesen sein könnte, wie der Waidmann sein erlegtes Tier etwas beruhigen zu können glaubt. Dies alles, so Weidmann, sage er zu Alfred, weil er ein *Jungianer* sei, was für Alfred nicht anders klingt als irgendeine bedeutungslose Partei oder Burschenschaft oder eine Bezeichnung für die Mitgliedschaft in einem Verein wie der Freiwilligen Feuerwehr oder dem Eigenheimerverein von Schondorf.

Anneliese, die Putzfrau auf seiner offenen Station mit ihrem Lächeln und den Gummihandschuhen, scheint ihn zu verstehen, der Doktor hingegen nicht, denn er möchte ja über Wahnvorstellungen habilitieren – warum sollte er dann seiner Erscheinung eine objektive Wirklichkeit zumessen, fragt sich Alfred, als er nach den Sieben-Uhr-Nachrichten aus dem Speisesaal von E 8 gegangen ist und nun wieder auf seinem Bett sitzt. Er ist dennoch fast glücklich, trotz allem, weil er so gut geschlafen hat, weil berechtigte Aussicht auf ein wieder normales Leben ohne Erscheinung besteht, mit gesundem Schlaf und Energie am Morgen für Lohnfortzahlungen und Spaziergänge zum Dorfweiher. Und weil er davon ausgehen darf, dass seine ständig wiederkehrenden Träume von schreienden Brüdern und abstürzenden Jagdfliegern genauso aufhören werden wie seine zwanghaften Bilder von einer einkehrenden Muttergottes, und wie die verblassten Erinnerungen an einen weit entfernten Vater Emil und an eine in der Küche schwitzende Mama, die dem kleinen Alfred den Tisch zu decken aufträgt.

Alfred hat geschlafen, ist nach langer Schlaflosigkeit *erwacht* zu einem neuen Lebensgefühl, das ihm seine aufgewühlte Seele tage- und wochenlang vorenthielt, und nach dem Einnehmen seiner täglichen Haldol-Dosis legt er sich zufrieden mit dem *Mars* von Fritz Zorn in sein von Anneliese frisch und liebevoll gemachtes Bett, während er deren Duftspuren einatmet und sich mit einem fremden Krebsschicksal beschäftigt, dass gottlob nicht zu seinem hat werden müssen, wie der Waidmann ihm erklärte, als er ihm den zornigen Bericht des *zu Krebse erzogenen* jungen Mannes von der Schweizer Goldküste zu lesen gab und ihm erklärte, dass solches auch ihm, Alfred, hätte widerfahren können, er jedoch mit der Erscheinung noch Glück gehabt hätte.

Die Lektüre ist bestürzend für Alfred, das Lebenswerk eines Sterbenden, ein Dokument *veruntreuter Sinnlichkeit* und *verlorener Wahrnehmung*, wie ein gewisser Herr Muschg, von dem er noch nie gehört hat, im Vorwort geschrieben hat. Es war ein Beitrag zur *Psychologie einer tödlichen Lebensform*, so Muschg, die Geschichte eines Realitätsdefizites, übertüncht gewissermaßen durch scheinbare Harmonie eines trügerisch privilegierten Lebens in der Oberschicht am Zürichsee, die Geschichte einer Depression, die einen Ausweg aus dem Totschweigen der Kindheit sucht, so Fritz Zorn, Pseudonym für einen kurz nach Erscheinen des Manuskriptes tatsächlich mit 32 Jahren an Krebs Verstorbenen, wie Alfred im Nachwort gelesen hat. Die geschilderte Depression, das Schweigen, diese unheilvolle heile Welt zwischen Kirche und Verleugnung, Studium und Nichtsnutzigkeit – all dies berührt ihn in seiner Seele. Fast so wie bei ihm, denkt sich Alfred. Schondorf und Goldküste am Zürichsee, zwei unglaubliche Gegensätze, in denen es doch auch Gemeinsamkeiten zu geben scheint, die Menschen krank machen. Wie den Fritz. Wie ihn, den Alfred Kummer.

In diesen Tagen der Psychiatrie wird Fritz Zorn zu einem Freund, aber auch der Thomas Bernhard, entgegen der Empfehlung Dr. Weidmanns, solche Bücher nicht zu lesen, da sie seinen Geist belasten würden. Er versteht wohl nichts von Alfreds tatsächlichem Innenleben, kann nicht wissen, das er, Alfred, längst eine Brücke geschlagen hat von *Zürich* nach *Wolfsegg*, und von dort wiederum zu Schondorf, auch wenn er nicht wie sein Freund ist, der an der Verlogenheit seiner Welt gestorben ist. Aber dennoch oder vielleicht auch gerade deswegen findet Alfred dessen Namen sympathisch, und er spürt in sich auch einen Wunsch, Schondorf ebenso irgendwie auszulöschen, die Enge dort und die starre Dorfseele, und natürlich auch die Erinnerungen an eine Erscheinung, die nur Unheil bringt, einfach weil sie keinen Sinn macht.

1. Adventssonntag 1982

Liebe Thea
Ich werde übermorgen wieder heimkommen in ein kaltes Haus, werde heizen müssen. Hoffentlich ist nichts eingefroren, habe doch die Leitungen nicht abgestellt. Es ging ja alles so schnell, nachdem ich das letzte Mal beim Kästner war. Dass du mich hier mal angerufen hast, hat mich sehr gefreut. Manchmal habe ich mich gefragt, wieso ich überhaupt ein eigenes Telefon in meinem Zimmer hatte, es war ja sonst nicht in Betrieb.

Habe ich dir schon von Anneliese erzählt? Ich habe nur wenig mit ihr reden können, und doch geht sie mir nicht aus dem Sinn. Natürlich ist sie verheiratet, habe manchmal den Ehering beobachtet, wenn sie ihre Gummihandschuhe abgezogen hat. Und Kinder hat sie, zwei, so wie du, aber trotzdem hätte ich mich nach etwas mehr Nähe gesehnt, nach Worten in so viel Schweigen hier ringsum auf den Zimmern. Dafür ist es im Speisesaal ziemlich laut, und ich verstehe das Gesagte nicht, es sind zusammenhanglose Belanglosigkeiten. Und wenn ich dem Geschwätz zuhöre, denke ich einfach ganz fest, dass ich nicht irre werden möchte. Und natürlich habe ich auch viel geredet mit dem Doktor, der für mich auf der Station zuständig ist. Aber ich möchte kein Versuchskaninchen sein, nur damit er seine Karriere weiterverfolgen kann. Er will irgendeine hochwissenschaftliche Arbeit über religiöse Wahnvorstellungen schreiben. Bin ich denn da der Richtige für ihn? Und was versteht er überhaupt von meiner Erscheinung, von meinen Bildern und Zuständen?

Habe ihm auch mal von dir erzählt, er war so penetrant neugierig. Du weißt ja, bereits im Aufnahmegespräch auf der E 8 hatte ich ein langes Gespräch mit ihm, über wichtige Ereignisse in meinem Leben. Und Thea: bei aller Ereignislosigkeit bist du doch da gewesen, und vielleicht habe ich, wenn ich mit Anneliese geredet habe und sie freundlich zu mir war, dein Gesicht in ihrem gesehen, dein Lachen und deine Lebendigkeit. Anneliese weiß auch von dir, sie hat mich gefragt, warum ich nicht geheiratet hätte. Naja, und dann musste ich natürlich von uns und von Bernd erzählen.

Komme übermorgen heim, bin noch bis Weihnachten krank geschrieben. Weiß gar nicht, ob ich nicht kündigen soll, was wird es wohl für ein Geschwätz geben beim Kugelfischer, wo ich schon seit Jahren nicht mehr krank war? Und mein Kollege Erhard hat eh schon meinen Schreibtisch besetzt, das haben sie mir zumindest nach Hause geschrieben, und Vinz hat mir den Brief mitgebracht. Ja, der gute Vinz hat jetzt doch nach meinem Haus geschaut, in den letzten drei Wochen, und ist am letzten Sonntag zu mir herausgefahren, richtig nett der Vinz.

Was würde der wohl sagen zu meiner Erscheinung? Und was sagen überhaupt die Schondorfer zu mir, wenn ich wieder zuhause bin, zuhause in der eigenen Fremde?

Hoffe, dich über die Weihnachtstage mal zu sehen. Kommst du dieses Jahr auch wieder zum Silvesterball nach Schondorf? Die Bluebirds spielen. Lass es mich doch wissen.

Grüße an alle.
Dein Alfred

XV. Hohe Rat

Der alte Vinz war kein ernstzunehmender Gegner, wenn es um Meinungsdifferenzen ging. Ein ewiger Junggeselle war er, der lange mit seiner Schwester Lisbeth zusammengelebt hatte im Nachbarhäuschen an der Helmstadter Straße 11, ein zwar liebenswürdiger, aber völlig kontaktscheuer und ängstlicher *Überlebender*, wie man ihn bezeichnete, als seine Schwester 1979 an Krebs gestorben war. Ein Überlebender war er, dem nun niemand mehr die Wäsche besorgte, das Geschirr spülte, an Fronleichnam die Wimpel heraushängte, den Sonntagsanzug zum Kirchgang in Ordnung hielt, eben ein wie auf einer einsamen Insel Gestrandeter, der nun völlig auf sich alleine gestellt war. Zu Zeiten der Lisbeth war er freilich noch irgendwie einbezogen in das Dorfleben, weil sie die Haushälterin vom alten Dr. Bohr gewesen war, vom *Herrn Pfarrer die rechte Hand*, wie es in Schondorf in unbeholfenem Deutsch hieß, die wie ein Drachen seelsorgebedürftige Seelen vom Pfarrhaus abhielt, damit sie den Herrn Pfarrer nicht unnötig störten, wenn er gerade in seinem Büro saß oder das Brevier beten musste. Und weil sie, Lisbeth, eben an einer solchen Schaltstelle der kleinen dörflichen Macht saß, konnte sich auch der Vinz in ihrem Licht ein wenig sehen lassen, und um der engen Bindung von Lisbeth an den Hochwürden willen war man mit Ketzereien über den Vinz etwas vorsichtig geworden. Aber als Dr. Bohr das Bauerndorf verließ, war die Lisbeth für die Schondorfer Seele schon nicht mehr so wichtig und konnte demzufolge auch ihre schützende Hand über den älteren Bruder nicht mehr so fest halten wie zuvor. Auch sie war ledig geblieben ihr Leben lang, und wären sie nicht Geschwister gewesen, so hätten sie ein seltenes Beispiel einer echten *Josefsehe* abgegeben, über die der Dr. Bohr immer so gern gepredigt hatte, wenn er die modernen Übel dieser Welt an den Pranger stellen wollte.

Nun war also der Vinz zu einem unbedeutenden, fast unsichtbaren Mitglied von Schondorfs Gemeinschaft geworden. Selten sah man ihn, und wenn überhaupt, dann samstags, wenn er am Morgen seine Straße kehrte und immer wieder um sich blickte, ob nicht Gefahr lauerte in Gestalt eines Schondorfer Mitbürgers, in solchem Falle er sofort seinen Besen stehen zu lassen pflegte, um geschäftig ins Haus zurückzugehen, als hätte er etwas Wichtiges vergessen. Und der genaue Beobachter hätte sehen können, dass er hinter vergilbten Vorhängen des kleinen Wohnzimmerfensters nach draußen blickte, bis die Straße wieder frei war. Nichts liebte er weniger als ein unfreiwilliges Gespräch auf der Straße, als eine Frage, zu der er eine Antwort, noch unangenehmer, eine eigene Meinung hätte sagen müssen.

Der alte Vinz war also kein richtiger Entlastungszeuge für das heimliche Gericht, das in Schondorf gegen Alfred zu tagen begonnen hatte, ohne festen Sitz, ohne Ordnung, ohne Klarheit über die beteiligten Personen – und selbstverständlich ohne eine ordentliche Verteidigung für den Delinquenten, Querulanten, Spinner und Eigenbrötler Alfred Kummer aus der Helmstadter Straße 13.

Am Freitag vor dem ersten Adventssonntag, war noch einmal Gemeinderatsitzung gewesen, es hatte die letzte in diesem bald zu Ende gehenden Jahr sein sollen, mit den für diese Zeit üblichen Traktanden: der Verkauf der Weihnachtsbäume durch die Waldbauernkörperschaft, deren Vorsitzender, Emil Erhard, quasi von Amts wegen seit über zehn Jahren im Rat hockte; ebenso die bevorstehende Weihnachtsbotschaft von Bürgermeister Hofbauer, die freilich seit fünf Jahren stets mehr oder weniger die gleiche gewesen war, voller Sorge um die dörfliche Eintracht, um die Gemeinschaft derer, die *guten Willens* sind, und um den Frieden zwischen Politik und Kirche. Weiterhin war die Vorplanung für die Ausstechung des Egerrains besprochen worden, wofür Eugen Erhard zuständig war, der Bruder von Emil, seines Zeichens Inhaber der einzigen ortsansässigen Kies- und Baugrube mit drei Schaufelbaggern, quasi der Baudezernent von Schondorf, wie er manchmal von Emil spöttisch tituliert wurde. Und das vierte, ebenfalls längst bekannte Traktandum war die Organisation des Silvesterballs, bei dem es Brauch und Sitte war, dass die Mitglieder des ehrwürdigen Gemeinderats die zahlreichen Gäste aus Schondorf und den Eingemeindungen Munzinghausen und Preisgau bedienten. Und schließlich galt es auch noch, die zahlreichen Spenden für die Tombola zu koordinieren, für die auch meist die einzelnen Mitglieder aus Prestigegründen etwas zu spenden hatten, wobei es in den letzten Jahren immer etwas größenwahnsinniger zugegangen war, wie der Egers Toni in der Sitzung bemängelt hatte, nachdem im letzten Jahr Gebhard Pfister, CSU-Ortsvorsitzender und damit ebenso quasi via Amt und Würden im Gemeinderat, eine halbe Sau vom Ochsen-Metzger spendierte, während in diesem Jahr eine Kreissäge, gesponsert von der Schreinerei Beinlich, der Hauptgewinn sein sollte, im Wert von über 400 Mark.

Doch bevor die Zeit für den anschließend stattfindenden Umtrunk im Ochsen drängte und das Fass dort bereits geöffnet war und die Fleischplatten von der Metzgers Marie ihren letzten Schliff erhielten, verkündete der Bürgermeister, dass man noch über einen letzten Tagesordnungspunkt sprechen müsse, über die *seltsamen Ereignisse* in diesem Sommer, die angeblich dem Kummers

Alfred widerfahren seien und die jetzt überall in Schondorf herumerzählt werden würden, und wohl inzwischen auch schon über Schondorfs Grenzen hinaus im gesamten Landkreis.

In diesem Gremium hatte Alfred keinen Verteidiger mehr; selbst die wenigen, die man der heimlichen Sympathie mit ihm verdächtigte, wie die Schmids Klara, vor allem aber den alten Vinz, hatte man auf der *Abschussliste*, wie zu einem späteren Zeitpunkt einmal der Egers Toni in einem Anfall von Indiskretion der Geli anvertraute.

Der Baudezernent lieferte noch einmal eine Zusammenfassung der bisherigen Ereignisse, die etwas zu lang ausgefallen war, weil er sonst so wenig im Rat zu sagen hatte. Er berichtete vom alten Postbot und Alfreds Brief an Thea Bretscher, welchen er aus Versehen gelesen habe. Darin sei von einer *Erscheinung* die Rede gewesen, wie nun die alte Geli erfahren habe, und die habe es in glaubwürdiger Weise beim Feuerwehrfest erzählt, und der Egers Toni habe es dann von der Jocks Anna gehört, die ja auch dabei war, als es die Geli erzählte, und auch die Anna habe die Vorkommnisse völlig glaubhaft erzählt. Und wie ihr wisst, so der sich aufblähende Emil, ist ja der Alfred schon seit Jahren ein seltsamer Einzelgänger, niemand wisse so genau, was er eigentlich treibe, aus dem Sportverein sei er auch schon ausgetreten und in der Kirch' sähe man ihn auch nur noch selten; ja, manchmal müsse man sich fragen, ob er überhaupt noch einer von uns sei, *ich meine ein echter Schondorfer*, betonte Emil, und jetzt ist er auch noch in Würzburg im Krankenhaus, worauf der Emil eine kleine kunstvolle Pause machte, um die Spannung zu erhöhen. Und schließlich, so fuhr er nach wenigen Augenblicken fort, habe der Toni mich eben beauftragt, euch heute über zwei wichtige Dinge zu informieren: dass im Sommer diesen Jahres dem Kummers Alfred die Mutter Gottes erschienen sei vor dem Dorfweiher in Richtung Hoher Park, und dass jetzt der Alfred nicht in der normalen Uniklinik liegen würde, sondern schon seit einigen Wochen in der Irrenanstalt.

Es war wie eine zweite Bombe, die über Alfred gezündet wurde, zum Schaden für ihn und zur Schadenfreude der Ankläger. Diese zweite Indiskretion war möglich gewesen, weil nicht nur der alte Postbot geplaudert hatte, sondern auch seine geschwätzige Vreni, die manchmal beim Dr. Kästner zur Aushilfe arbeitete, just auch an dem Tag, als Alfred ihn wegen seiner depressiven Erschöpfungszuständen und der anhaltenden Schlaflosigkeit aufgesucht hatte, und er dann zu stationären Abklärungen in die Psychiatrische Klinik nach Würzburg überwiesen worden war, die Überweisung wiederum jedoch zu Händen der zuständigen Krankenkasse über den Schreibtisch von Vreni hatte laufen müssen. Und natürlich war der Begriff Irrenanstalt geläufiger und griffiger als das Fremdwort *Psychiatrie*, zumal es aus Emils Munde lächerlich gewirkt hätte.

Als sich das nur kurz aufkeimende Gemurmel im Gemeinderat wieder gelegt hatte, unterbrach Bürgermeister Hofbauer das Schweigen und erklärte die *Causa Alfred* zur Chefsache, in welcher er in den kommenden Tagen zu entscheiden gedenke, ob noch andere Personen zum jetzigen doch noch so *frühen Stadium* der Sache gehört werden sollten, wie der Herr Pfarrer etwa oder der Doktor Kästner, bevor man die Dinge tun müsse, die getan werden müssten, damit es keine unnötige Aufregung in Schondorf gebe. Ob es dann auch noch ein *späteres Stadium* gebe, mit Menschenaufläufen und langen Prozessionen von Gläubigen und Zeitungsreportern im beschaulichen Schondorf, das wüsste er noch nicht zu sagen. Jedoch stand fest: eine Marienerscheinung sei das Letzte, was seine Gemeinde jetzt gebrauche könne!

Während die Gemeinderatsitzung ihren Gang nahm, war auch anderswo *die Sache* erörtert worden. Die Jocks Anna war zum gleichen Zeitpunkt beim Vinz gewesen, um ein wenig nach dem Rechten zu sehen. Sie tat es schon seit zwei Jahren, in der Regel einmal die Woche, nachdem Lisbeth ihn als *Überlebenden* zurückgelassen hatte. Sicherlich war es ihre Christenpflicht, dem armen Vinz beizustehen, der doch sehr gelitten hatte am Tod seiner Schwester, und nun etwas zu verwahrlosen drohte, wenn man von dem ausgehen wollte, wie er sich beim samstäglichen Einkauf präsentierte. Es war Christenpflicht, ihm seine Knöpfe anzunähen, den Anzug auszubürsten, ab und zu seine wenigen Hemden zu bügeln und vor allem in die Küche etwas Ordnung zu bringen und das ganze Häuschen gut durchzulüften. An diesem Freitagabend freilich erfüllte sie mit ihrem Besuch auch noch eine andere, eher profanere Pflicht, nämlich das Informationsbedürfnis verschiedenster Menschen und Mitbürger bezüglich der *Sache* zu befriedigen.

Ansgar hatte sie am Mittwoch zuvor angerufen, weil er Fleisch für ihre Räucherkammer bringen wollte. Bei dieser Gelegenheit kam natürlich zur Sprache, ob es etwas Neues gebe in Sachen Alfred und Erscheinung. Und weil Ansgar bereits vom Gebhard wusste, dass der *Seher von Schondorf*, wie dieser einmal fast schon bösartig in die Runde geworfen hatte, in der *Klapsmühle* war, und weil er auch davon ausgehen konnte, dass die Jocks Anna, eng befreundet mit Geli, ebenfalls schon längst Bescheid wissen musste, fragte er sie rundherum, ob sie schon habe in Erfahrung bringen können, wann der Alfred wieder *rausgelassen* werde. Dieses Wort gebrauchte er und es war ehrlich gemeint in Schondorf: wer einmal in der Klapsmühle war, in Werneck sowieso, aber auch in Würzburg, der trug wohl lebenslang Spuren davon mit sich – oder besser gesagt: in sich – herum. Wenn man *nicht richtig im Kopf* war, dann bedrohte man die Ordnung und löste

Unsicherheiten aus. Und wenn man dann nach *draußen* kam, war man ja noch immer nicht richtig im Kopf, man hatte etwas mit den Nerven, und man konnte nie wissen, ob *das* wieder auftauchen würde. Und natürlich hatte Anna versprochen, beim ansonsten bezüglich Neuigkeiten eher uninteressanten Vinz diesmal seine wenigen Kontakte zu nutzen und ihn zu fragen, wie es denn nun um den armen Alfred bestellt sei.

Der Vinz holt einen Krug voller Most und während Anna seine alten langen Unterhosen stopft, damit er's im kommenden und bereits angekündigten Winter warm habe mit seinem Rheuma, meint er, Alfred komme wohl Anfang nächste Woche schon wieder nach Hause. Als er ihn vergangenen Sonntag besuchte, um ihm die Post mitzubringen, habe er jedenfalls sehr *stabil* gewirkt. Es wirkt ein wenig komisch und unbeholfen, aus dem Mund des alten Vinz ein solches Wort zu hören, aber wohl ist es auch Zeichen seiner Sorge um den Nachbarn, der ja in seiner Abgeschiedenheit durchaus ein Leidensgenosse für ihn ist und schon von daher wenn nicht eine Zuneigung, so doch eine gewisse Bindung ganz natürlich erscheinen muss. *Stabil* sei er, der Kummers Alfred, gewesen, habe gelacht und sich nach den letzten Neuigkeiten in Schondorf erkundigt, wie der alte Vinz beflissen anfügt, in einer auch für Anna ungewohnten Gesprächslaune. Stabil sei er gewesen, und auch von *Psychose* habe er irgendwas erzählt, also dass er keine habe, der Alfred, er wisse das von einem Doktor, welcher ihn untersucht habe.

Natürlich weiß Anna genauso wenig wie der unbeholfene Vinz, was mit Psychose gemeint sei, etwas Schlimmes wohl, das nun an Alfred noch einmal vorübergegangen sei wie der Kelch am Herrn Jesus, aber doch sei es wohl mit dem Alfred nicht mehr gut gewesen in der letzten Zeit in seinem Kopf, denn sonst wäre er ja nicht in die Anstalt gekommen. Und vielleicht, so denkt sich Anna, ohne den offensichtlich noch unwissenden Vinz einzuweihen in das *Geheimnis* von Schondorf, geht der Kelch ein zweites Mal nicht am armen Alfred vorüber und er wird dann vollends verrückt, wenn er nochmals eine Erscheinung sieht.

Vom vielen Most schon etwas benommen macht sich die Jocks Anna viel zu spät auf den Heimweg in die Egergasse, und *die Sache* beginnt, ins Rollen zu kommen. Oder müsste man besser und trefflicher sagen: ins Wanken zu geraten?

XVI. Advent

In Übereinstimmung mit dem Dekret des Papstes Urban VIII. und mit der Bestimmung des Zweiten Vatikanischen Konzils erklären die Autoren, dass sie das Urteil der Kirche, dem sie sich völlig unterziehen möchten, nicht vorwegnehmen wollen. Begriffe wie Erscheinungen, Botschaften, Wunder und Ähnliches haben hier den Wert des menschlichen Zeugnisses".

Alfred interessieren solche Passagen, die er in den letzten Tagen und Wochen immer wieder in entsprechenden Büchern über Marienerscheinungen gefunden hat, im Grunde genommen wenig, auch wenn sie ihn etwas zu beruhigen vermögen. Weshalb dies so ist, kann er jedoch nicht sagen, denn seine Zweifel am Geschehenen und Gesehenen sind so groß, dass eine kirchliche Anerkennung des Ereignisses, was auch immer dieses bedeuten möge, ihm niemals Sicherheit geben könnte. Das eigentlich Beunruhigende an *seiner* Erscheinung ist weniger die Frage, ob er halluziniert, oder, wie der Waidmann immer gesagt hat, *eine schizophrene Psychose* erlitten habe bei seinem Spaziergang, sondern vielmehr, ob es tatsächlich eine Erscheinung gegeben habe und ob sich diese genau ihm offenbaren wollte. Und was Alfred noch immer quält und belastet, ist die Tatsache, dass er keinen Sinn erkennen kann in dem, was ihm widerfahren ist. Es gab ja keine Botschaft, die einen solchen Sinn ergeben würde; keine Augenzeugen können bestätigen, dass er, Alfred, nicht völlig spinne; und er erkennt keinen Zusammenhang mit seinem bisherigen Leben oder den Lebensumständen in Schondorf. Die Erscheinung hat ja nichts gesagt, es hat keine Ermahnungen gegeben, sich zu ändern oder die Verlogenheit aufzugeben und nicht mehr zu sündigen, was doch zweifelsohne in Schondorf einmal gesagt werden könnte. Nichts von alledem, keine Kinder, keine Gläubigen! Und vor allem: keine Wiederholung der Erscheinung! Keine Bestätigung des Erlebten, keine Veränderungen in der Folge! Nichts von dem, was in Fatima passierte, oder in Guadeloupe, in Lourdes, oder eben im fränkischen Heroldsbach vor 30 Jahren, immerhin zeitlich und räumlich nicht allzu weit entfernt von Schondorf. Und auch nicht wie in Marpingen.

Ja, auch im saarländischen Marpingen, dem *deutschen Lourdes*, wie es genannt wird, waren 1876 Dinge passiert, die für Alfred einen Sinn machen, wie er den vielen ausgeschnittenen und vor ihm ausgebreiteten Zeitungsartikeln entnehmen kann. Er möchte sie am liebsten in ein großes Album einkleben und beschriften, aber er hat hier in der Klinik keines bei sich; das *Erscheinungsalbum*, wie er die Chronologie seiner Forschungen nennen könnte, muss also noch warten. Er grübelt immer wieder vor sich hin an diesem ersten Adventssonntag, als er den letzten Tag in seinem fast schon vertraut gewordenen Zimmer in der Psychiatrie verbringt, das übersät ist von Schriften und Broschüren, die er sich aus der benachbarten Liboriusbücherei ausgelehnt hat. In Marpingen war drei kleinen Mädchen beim Beerensammeln im Wald die Jungfrau Maria erschienen. Diese Vision hatte damals dramatische Vorgänge zur Folge gehabt. Als zahlreiche Pilger in das kleine Dorf strömten, kollidierte die katholische Wallfahrtsbewegung, wie ein Historiker in einem Büchlein anmerkte, heftig mit dem preußischen Staatsapparat, so dass es zeitweise zu einer militärischen Besetzung des Dorfes kam, zu Gerichtsverfahren und zu Debatten im Parlament. Und der Autor, der sich nicht Urban dem Soundsovielten oder irgendeinem Konzil oder einer kirchlichen Meinung zu unterwerfen brauchte, weil er nicht gläubig war, wies auf die Zeitumstände hin, auf das geistige Leben damals im preußischen Staat, und auf den Kulturkampf zwischen der katholischen Kirche und dem liberal-fortschrittlichen Bürgertum. Und genau dies macht jetzt für Alfred einen Sinn: Marpingen sei, so schrieb irgendein Kirchenhistoriker von der Theologischen Fakultät in Bamberg, eine *volkstümliche Krisenreaktion* gewesen, die sich vor dem Hintergrund des Wiederauflebens von Formen *intensiver Gefühlsfrömmigkeit* entwickelt hätte, um sich einem vermeintlich gottlosen oder zumindest lutherischen Staat zu entziehen (was, so der Autor, ja ziemlich dasselbe war). In Marpingen gab es eine bestimmte typische Konstellation: Das kleine Bergarbeiter- und Bauerndorf war von geistigen Kräften der Veränderung erfasst und befand sich gleichzeitig in einer Randlage, von Verschuldung und vielen Auswanderungen geprägt. Diese verbanden sich mit der wirtschaftlichen Depression während der siebziger Jahre des letzten Jahrhunderts zu einer Stimmung der Verzweiflung – und zu einer Sehnsucht nach Erlösung.

Alfred fragt sich, welche Konstellation es heute in Schondorf gebe. In der Nähe zur *Zonengrenze* gelegen, gehört ja das fränkische Hinterland keineswegs zu Deutschlands Mittelpunkt. Aber besonders arm ist man wohl nicht, und von Auswanderungen kann man ja auch nicht sprechen, wo es noch immer viele Einheiratungen von Hof zu Hof gibt, und kaum jemand, so wie leider Thea, Schondorf ganz den Rücken kehrt. Und natürlich ist die Kirche im Dorf, sie ist überall, unbehelligt, mächtig und unübersehbar, der Herr Pfarrer steht noch immer über dem Bürgermeister. Also nichts von preußischen Zuständen wie in Marpingen damals! Und zudem werden ja in Schondorf die Katholiken nicht drangsaliert. Nein, es ist genau andersherum: die wenigen Evangelischen, meist von Helmstadt oder vom benachbarten, ehemalig freien

Reichsort Gochsheim zugereist oder zugeheiratet, sind eher die argwöhnisch Begutachteten, und die seit einigen Jahren sich abzeichnende erste Welle von Mischehen wird schon jetzt als ein Zeichen des Verfalls von moralischen Werten gesehen.

Und natürlich fragt sich Alfred auch, wo eine *Sehnsucht nach Erlösung* zu spüren sei, in Schondorf, aber auch bei ihm selber. Sehnsucht nach Erlösung taucht immer wieder in den Beschreibungen auf, und dennoch kann er sich nicht allzu viel darunter vorstellen. Schon der Waidmann hat ihn immer wieder, erst vorgestern noch bei der Visite, danach gefragt, *wozu* er denn erlöst werden wolle oder *wovon*, was ja, so der Doktor, ein großer Unterschied sei. Und Alfred hat nur auf seine alten Geschichten hinweisen können, auf Thea und die Trauer danach, als sie sich von ihm getrennt hatte, und er hat dann dieses Gefühl, von ihr verlassen zu werden, durchaus mit etwas wie Unerlöstheit in Verbindung bringen können. Jawohl, er ahnt etwas vom entsprechenden Gegenteil davon, was irgendwie mit glücklicher oder erfüllter Liebe zusammenhängt. Und wenn man erfüllt sei, müsse man nicht mehr suchen, dann sei das Leben einfacher, wie Alfred denkt. Aber die Erscheinung bringt ja seine Thea nicht zurück! Und er kann dem Waidmann auch erzählen, dass er einmal in seinem Leben nicht mehr ins Büro fahren wolle, dass er also gewissermaßen davon erlöst werden möchte und sich auch darauf freue. Aber dies könne doch kein Grund für die Mutter Gottes sein, von Marpingen her auch einen Abstecher zu ihm nach Schondorf zu machen!

Bei den Erscheinungen damals gab es eine *innere* und eine *äußere* Sicht der Dinge. Das Erlebnis der Erscheinungen für die Seherkinder war keineswegs *trivial* und auch *nicht als Konstrukt von Erwachsenen interpretierbar*, wie es weiter hieß, diesmal in irgendeiner soziologischen Abhandlung der Universität Würzburg aus den siebziger Jahren. (Der Autor hieß Leo Bretscher, und Alfred fragte sich, ob dieser nicht weitläufig mit Thea verwandt sein könnte, vielleicht ja sogar jemand wäre, der ihn, als von Thea Verlassener, verstehen würde). Vielmehr sei das Leben der *„zugleich verspielten und verzweifelten Mädchen* durch *sozialen Abstieg und gefährdete Familienrespektabilität gekennzeichnet* gewesen“. Mit Hilfe ihrer Visionen hätten sie sich dann *das Bild eines besseren Lebens* geschaffen und den *Rausch ihres neuen Status* genossen, dann seien sie aber auch *von Schuldgefühlen bedrückt* gewesen. Dabei, so dieser Gelehrte und Thea-Verwandte und Alfred-Versteher, wurden sie *von ihrer erwachsenen Umwelt unterstützt*, bis ihre Erzählung schließlich ein Eigenleben entwickelte und dann diesen ganzen Kult auslöste, quasi als *Musterbeispiel für katholische kommunale Selbstbehauptung*.

Vordergründig ist sich Alfred sicher, dass er sich durch die Erscheinung, falls sie wirklich aus seinem Innern entstanden sein sollte, kein besseres Leben erschaffen hat. Im Gegenteil: er fühlt sich seit dem Sommer noch haltloser, einsamer, wie ein gehetzter Wolf in der weiten Steppe, der doch seine Freiheit nicht genießen kann. Er hält sich ja selber für verrückt, aus dem Gleichgewicht geraten, schlaflos und ausgelaugt, nicht aber von Schuldgefühlen gepeinigt, wie es angeblich in Marpingen der Fall gewesen war. Wofür sollte er denn auch schuldig sein? Er ist ja kein Auserwählter, dem etwas zuteil geworden wäre, was anderen, die es vielleicht mehr verdienen, vorenthalten wird. Letztlich kann es doch für andere Schondorfer eine Gnade sein, dass ihnen die Jungfrau nicht erschienen ist, schließlich dürfen sie weiterleben wie bisher auch, mit den kleineren und größeren Lügen des Lebens, während er, Alfred, unfreiwilliger Seher, alles in Frage stellen muss, weil nichts mehr stimmt in ihm und um ihn herum.

Der Soziologe, in dessen Gedanken sich Alfred zunehmend vertieft, während auf der Station E 8 langsam die Lichter ausgehen und es ruhig zu werden beginnt, lässt trotz persönlichen Unglaubens eine gewisse Sympathie für die Erscheinungen erkennen. Ja er versteht die Begeisterung der katholischen Bevölkerung damals im kleinen saarländischen Dorf nicht als klerikale Fremdbestimmung mit Peitsche und Büßergewand, sondern eher als eigensinnige Reaktion auf soziale und politische Bedrückung. Ja, das Verhalten der Marpinger, die enthusiastisch die drei visionären Kinder feierten, bezeichnet er gar als resistent gegenüber späteren totalitären Strömungen, wie überhaupt die geringere Anfälligkeit des katholischen Milieus gegenüber dem Nationalsozialismus gezeigt habe. Eine Ambivalenz bleibe freilich stehen: wurden die zahlreichen Marienwunder (vielleicht bis Heroldsbach in den fünfziger Jahren?) durch das Wirtschaftswunder in Deutschland in den sechziger Jahren abgelöst? Und wurde nicht die schon genannte *Trostfunktion* des Marienkultes in Marpingen und anderswo beerbt durch einen Führerkult?

Alfred ist müde geworden. Seine Gedanken schweifen von Anneliese zur bevorstehenden Heimkehr, von den gelesenen Gedanken über die Hintergründe von Marienerscheinungen zum realen Leben in Schondorf, zu seinem Leben, das wieder neu beginnen soll nach diesem mehr als drei Wochen dauernden, letztlich sehr willkommenen Ausbruch aus dem Alltag. Was wird ihn erwarten, wenn er nach Hause kommt, wenn er irgendwann wieder ins Büro gehen muss? Und findet er jemand, dem er sich anvertrauen kann, Thea natürlich ausgenommen, die ja sowieso Bescheid weiß, weil sie ihn kennt und einmal geliebt hat. Der Dr. Kästner vielleicht? Und wenn seine innere Einbildungskraft wirklich so groß wäre wie seine Bedrückung, die er mit den Marpinger Kindern wenn auch auf andere Weise teilt, wird die Erscheinung dann wiederkommen? Oder ist er jetzt, durch die vielen Gespräche mit Weidmann, nach zahlreichen Beruhigungsspritzen und den Bergen von Haldoltabletten, geheilt, sozusagen *sicher* vor weiteren Erscheinungen? Oder kann es trotz Fehlen einer ausgeprägten schizophrenen Psychose, wie der Waidmann vor den bei jener Visite anwesenden anderen Assistenzärzten stolz doziert hat, dennoch wieder so weit kommen? Ist das so wie einer wiederkehrenden Krankheit, wie bei einem Krebs, der, obwohl für Monate oder gar für Jahre verschwunden, plötzlich wieder neue Metastasen bildet? Müsste es dann nicht so etwas wie eine Chemotherapie gegen himmlische Erscheinungen geben? Was wäre, wenn Maria sich überhaupt nicht um solche inneren Begebenheiten kümmere, sondern sich tatsächlich irgendwie von außen aufdränge, wirklich sichtbar würde, auch für andere, auch für die Schondorfer? Wäre er dann in ihren Augen etwas Verehrungsvolles, Besonderes? Oder würde es den Graben zwischen ihnen nur noch vergrößern, vertiefen?

Beim Zehn-Uhr-Rundgang zu Beginn des Nachtdienstes findet Schwester Melanie einen selbst im Schlafe noch nachdenklich wirkenden Patienten, der sogar seine Schuhe auszuziehen vergessen hat, während ein kitschiges Marienbild von Fatima neben seinem Gesicht auf dem Kissen liegt. Es wirkt etwas bizarr. Es liegt aber auch etwas Friedvolles über der Szenerie, wie dahingemalt von einem unbekannten himmlischen Künstler.

XVII. Mea Culpa

Als Ansgar Müller am 16. Januar 1913 zur Welt kam, waren in Schondorf 26 Grad minus gemessen worden. Alles war unter einer riesigen Decke aus Schnee und Eis begraben, die Pferdekutschen waren teilweise auf dem im Herbst noch aufgeweichten Lehmboden festgefroren, die Kühe und Pferde in den schlecht gebauten Ställen kämpften ums Überleben und die Schondorfer verbrauchten ihre letzten Kohlenvorräte, damit die Eisblumen an den dünnen Fensterscheiben wenigstens ein wenig Tageslicht hereinließen. Dass in solcher Erstarrung und Auslöschung überhaupt neues Leben entstehen konnte, wenn auch unter größten Schmerzen und nach langen Wehenkrämpfen, grenzte an ein Wunder. Die Hebamme, eine Großtante von Jocks Anna, versuchte mit allen ihr zur Verfügung stehenden Kräften, Katharina Müller ein Überleben zu ermöglichen und ihren Blutverlust in Grenzen zu halten, während sie die Männer draußen in der Stube, Katharinas Mann Georg sowie seine beiden Schwager Clemens Erhard und

Siegfried Canisius, immer wieder antrieb, mehr Kohlen nachzulegen. Alle froren erbärmlich, obwohl Siegfried bereits dreimal zum Nachbarhof von Walter Schmid gerannt war, um Nachschub zu holen, damit alles seinen Gang gehen konnte.

Während die Männer aus Unbeholfenheit, auch aus Angst und Beunruhigung heraus *draußen* in der Stube vor dem Ofen Schafkopf spielten, kam *drinnen* nach lauten Schreien Katharinas der kleine Bub zur Welt, Ansgar, nicht gesund, wie die Hebamme sofort entsetzt bemerkte. Nein, das Kleine hatte eine schreckliche Hasenscharte, schreiend wie alle anderen Babys nach dem ersten Schnauf, aber doch anders als alle anderen Kinder, die mit ihrer Hilfe schon in Schondorf zur Welt gekommen sind. Nachdem sie sich instinktiv bekreuzigt hatte und den blutverschmierten Jungen der erschöpften Katharina präsentierte, wurde auch Georg hereingerufen. Betreten, ja entsetzt, trat er in Ansgars Leben, ließ den Kleinen bei der Mutter liegen und fragte, zum Kreuz im Schlafzimmereck hingewandt, was er nur getan hätte oder gar verbrochen, dass ihm nun solches passieren musste: ein Junge mit einer Hasenscharte! Schon das zweite Kind, das schwächlich ist, denn auch der Roland ist ja nicht so richtig im Kopf, kann mit seinen drei Jahren noch immer nicht laufen und seine ersten Laute sind kaum zu verstehen. Und während Roland zu dieser Zeit, in dieser kalten Nacht, im Nachbarsort Holzhausen friedlich bei seiner

Tante Hermilde nuckelte und schlummerte, machte sich Unfrieden breit in Georgs verzweifelter Vaterseele.

Ansgar überlebte die ersten Lebensjahre in der alles durchdringenden und niemals nachlassenden Obhut von Katharina, während er die sieben Schuljahre in Schondorf mit den üblichen Verspottungen und zahllosen Prügeleien durcheilte. Trotz seiner Hasenscharte war er schnell von kräftiger Statur, wie sein Vater Georg, und schon mit 13 konnte er sich gegenüber den meisten Hänseleien wenigstens körperlich zur Wehr setzten.

1928 starb Georg, noch keine 50 Jahre alt, an einem Hirnschlag, und Ansgar musste den Müller'schen Hof übernehmen, so früh schon *seinen Mann stehen*, wie man in Schondorf sagte. Beide Brüder, mittlerweile war auch noch Rudolf zur Welt gekommen, gottlob gesund und ohne Hasenscharte und mit einem klaren Kopf, kamen dafür nicht in Frage. Roland schwächelte noch immer vor sich hin und kam in der Schule kaum mit, geschweige denn, dass er richtig hätte lesen oder schreiben können. Und, wie es zu befürchten war, wäre er im Frühjahr 1930 mit einer schweren Hirnhautentzündung fast seinem Vater in die andere Welt nachgefolgt. Und Rudolf war mit seinen 13 Jahren noch zu jung für den Hof.

Als Hitler an die Macht kam, war Ansgar fast auf den Tag genau 20 Jahre alt. Er war gerade mit dem Holzfällen in der Scheune beschäftigt gewesen, als seine Mutter aufgeregt mit dem Rhöner Landboten nach draußen gerannt kam und auf die Schlagzeile zeigte. Und der zwanzigjährige Ansgar mit seiner Hasenscharte wusste sofort, dass von nun ganz andere Zeiten aufbrechen würden, schlimmere und grausamere jedenfalls. Vielleicht ahnte er etwas von der Ausmerzung des Schwachen, vermeintlich Nichtdeutschen, von der dieser Demagoge schon so oft in den letzten Jahren offen geredet hatte. Vielleicht würde seine Hasenscharte auch ausgemerzt werden, dachte er in diesem Augenblick am Morgen des 31. Januar 1933. Und er wusste, dass er sich immer wehren müsste gegen diesen Hitler, gegen seinen kommenden Terror – und gegen alle, die diesen Terror und jeden Angriff auf Schwache für gut und richtig fanden.

In den kommenden Jahren zeigte sich, dass das durch und durch katholische Schondorf ebenso durch und durch *durchlässig* war für andere Totalitarismen, Übersteigerungen und Maßlosigkeiten. Spätestens nach dem Einzug von Herrn Dr. Bohr ins Pfarrhaus am Patronat des Hl. Bonifatius 1937 durfte man in Schondorf seine Sympathie für den Nationalsozialismus sogar offen zeigen, solange man nicht *gegen die Kirche* war, gegen die *Vorsehung*, von der Dr. Bohr immer wieder gepredigt hatte. Und nur drei Jahre später, die Wehrmacht hatte inzwischen mehrere Nachbarländer besiegt und Hitler war mit einigen seiner ranghöchsten Schergen auf den Champs

Elysees promeniert, kippte die Stimmung in Schondorf nochmals. Nun war man fast schon besser dran, wenn man die ablehnende Haltung zum Nationalsozialismus nicht mehr offen zur Schau stellte, und nach dem Stalingrad-Debakel 1943 mobilisierte die braune Clique um den Schmids Sepp alle Kräfte für den Krieg, so dass man in Schondorf fast nur noch schweigen konnte, auch wenn man von der Sinnlosigkeit des ganzen Unternehmens längst überzeugt war.

Als Hitler an die Macht kam, war ein anderer Schondorfer 48 Jahre alt und Vater dreier Söhne: Emil Kummer. Er war sehr schnell ein Anhänger der neuen Ideologie geworden, obwohl er niemals formell der NSDAP beigetreten war. Er hatte schon vor dem verhängnisvollen Datum immer wieder von einem anderen, mächtigeren Deutschland geträumt. Emil war ein harter Mensch, hatte man in Schondorf schon immer zugegeben, einer, mit dem man nicht gut lachen konnte. Seine Kinder wussten ein Lied davon zu singen, von der fehlenden Unbeschwertheit, von der Stummheit am heimischen Tisch, an dem sie während des Essens bis zum Tischgebet danach niemals sprechen durften, außer, wenn Onkel Georg, sein älterer Bruder, zu Besuch war und allerlei Leckereien mitgebracht hatte für die Kinder und einen guten Tropfen Randersackerer *Ewig Leben* für Emil, der sich eine solche Flasche als einzigen Luxus in seinem kargen Leben gönnte. Natürlich liebte er seine Kinder, und auch

Brigitte liebte er, wie man gesagt hätte, aber es war eine harte Liebe, in der es wenig Raum gab für Wärme, zärtliches Schweigen oder absichtslose Berührungen.

Und Emil war auch hart gegen sich selber, weil er nur so seinen eigenen Vater Hugo ausgehalten und dessen Wutausbrüche ertragen hatte, und nur auf diese Weise letztlich seine Kindheit, und ihn selber, Hugo, überlebte. Hugo war im ersten Großen Krieg gefallen, für das Reich, er war 1917 nicht mehr heimgekehrt aus Frankreich, und Emil, damals 22 Jahre alt, aber noch immer voller Angst vor der von Alkohol durchtränkten Aggressivität seines Vaters und dessen willkürlicher Lust zum Schlagen, war froh darüber, sich so seines größten Problems erledigt zu haben, freilich auf Kosten allergrößter Schuldgefühle. Denn seinen Vater muss man lieben, immer und bedingungslos, das war die Botschaft in seiner Kindheit, die freilich unter dem Despoten Hugo eher unzumutbar erschien. Später, als auch Emil schon gestorben war, erzählte Brigitte ihrem Sohn Alfred viele Geschichten von ihrem Schwiegervater, der zu ihr zwar meist recht freundlich gewesen sei, aber keine Beziehung ermöglicht habe zu ihr, ja zu niemandem. Und Alfred war damals über das moderne Wort *Beziehung* aus dem Munde seiner Mutter sehr erstaunt gewesen.

Hugo also, der Großvater von Alfred, ein Patriarch auf dem Hof, ein gewalttätiger Despot und liebloser Vater für seine beiden Söhne Georg und Emil, lag wie ein dunkler Schatten über der Familie Kummer. Freilich bedeckte dieser Schatten einer gewissermaßen unheilvollen Wolke die Nachkommenden auf ganz verschiedene Weise. Georg, der um zwei Jahre ältere Kummer-Sohn, ging, damals als erster in Schondorf, ins Stift und machte Abitur, um dann in Würzburg Pädagogik und Geschichte zu studieren. Er wurde ein kunstsinniger Liebhaber von Kultur und *echtem Leben*, wie er seinem kleinen Neffen Alfred mehrmals bei seinen heimatlichen Besuchen kurz nach Abschluss seiner Studien erzählte, *nicht so eng und kleinherzig wie bei euch in Schondorf*, wie er immer sagte. Und Alfred liebte seinen Onkel heiß und innig, er war ja auch sein *Dot*, sein Patenonkel, der ihn verstand, ihn über den Kopf streichelte, ohne dass es dem kleinen Alfred unangenehm gewesen wäre. Ja, einmal nahm er ihn sogar, es war im Herbst 1948 gewesen, kurz nach der Wiedereröffnung des alten, vormals zerstörten Stadttheaters, zu einer Opernpremiere nach Würzburg mit, zu Mozarts großartigem *Don Giovanni*, und Alfred aus dem kleinen Schondorf, der noch nie Derartiges gehört und gefühlt hatte, war hin- und hergerissen von dieser Welt, von diesen Leidenschaften und Stimmungen, die zu erleben sein *Dot* ihm ermöglichte, so dass er noch lange davon träumte, zumal ihm das heimatliche Schondorfer Leben schon am nächsten Tag wieder zurückholte, auf den Acker am Samstag morgen, zum Mistfahren mit dem alten Pferdewagen. Nein, Dot Georg wurde ein feiner Mensch, ein tiefsinniger *Gefühlsmensch*, wie Alfred immer dachte, obwohl doch Hugo sein Vater war, ihn also nicht gänzlich hatte zerstören oder auch nur bedrücken können. Und als Georg 1952 starb, noch nicht einmal sechzigjährig, stürzte für Alfred eine Welt zusammen, weil sie ihm, zusammen mit Georg, einen kleinen Ausbruch aus Schondorfs Enge ermöglicht hatte, wenn auch nur stets für einige Stunden, oder, wie damals bei seiner Erschöpfungsdepression nach Kriegsende, für einige Wochen. An einem nassgrauen Novembertag spielte bei Georgs Beerdigung die Blasmusik *Ich hatt' einen Kameraden,* und Alfred wusste für dieses eine Mal, dass es zutreffend, ja sogar grenzenlos untertrieben war, denn er hatte viel mehr als einen Kameraden verloren, einen Bruder und Freund, welcher ihm gezeigt hatte, wohin ein Leben auch führen könnte, wenn man es zuließe, welche Höhen und Tiefen es ermöglichte, und wie intensiv es lieben und verachten ließ, und beides durfte möglich sein ohne falsche Scham oder Schuldgefühle. Und während der überlebende jüngere Bruder regungslos in die offene Grube hineinstarrte, weinte Alfred bitterlich, nicht ohne allerdings vorher seinen Mantelkragen hochzuschlagen, damit es nicht allzu auffällig wäre, wie sehr er, Alfred, doch auch schon längst erwachsen, wie ein verlassenes Kind um seinen *Dot* trauerte.

Aber wie anders war Hugos Schatten auf seinen jüngeren Sohn, auf Alfreds Vater Emil gefallen? Er übernahm nicht nur den Hof seines Vaters, sondern auch dessen grobe Hände, seine laute Stimme, den Griff zur Flasche, die derben Witze und eine Verachtung jeglicher Schwäche. Er hätte seinen kleinen Alfred niemals trösten können, als dieser weinend von der Schule nach Hause gerannt kam, weil ihm seine Kameraden schon wieder die Reifen zerstochen hatten. Und dass der Kleine Angst vor den Stockschlägen des Herrn Pfarrers Dr. Bohr hatte, konnte Emil nur mit einem verächtlichen Achselzucken beantworten. Es wird ja schon mit rechten Dingen zugehen, wenn der Herr Pfarrer mal *etwas zulangt*, weil der Alfred halt sonst überhaupt nichts lernen würde. Freilich konnte Emil so reden, da auch er gerne mal *etwas zulangte*, wie er sagte, und die Verwundungen seines Sohnes nicht erkennen wollte. Emil hasste weinende Jungen; wieso hätte er sie lieben können, wo er sich ja selber hatte unter der Bettdecke oder im Kuhstall verstecken müssen, als ihm bitterlich zu weinen zumute war?

So war es eben: Emil übernahm nicht nur den Hof, sondern auch die Erscheinung seines Vaters, seine Persönlichkeit, dessen Maske sozusagen, die sich wie eine schleichende Krankheit von einem Hofbesitzer auf den nächsten übertrug, ohne Verlust und mit gleicher Intensität. Und die Wutausbrüche und die häusliche Strenge schienen nie nachzulassen.

Es war lange Zeit ein mehr oder weniger offenes Geheimnis, weshalb die beiden Familien Müller und Kummer so unglückselig miteinander verbunden gewesen waren wie in einem alttestamentlichen Fluch, welchen auch die Kinder und Kindeskinder erben sollten, solange ein Unrecht nicht gesühnt war. Was aber genau dieses Unglück war, der Beginn von allem Kommenden, Unglückseligen, Verleumderischen, dies wusste Alfred Kummer lange Zeit nicht; vielmehr hatten auch die Erzählungen seiner Mutter nur blasse, verschwommene Ahnungen von den Geschehnissen damals, die schon im letzten Jahrhundert stattgefunden haben mussten, und die lange Wirkungszeit hatte offenbar nichts an der Intensität geändert, mit der die beiden Familien im Unguten aufeinander zu sprechen waren. Einmal machte ausgerechnet Rudolf Müller beim Pfarrfest 1973 einige Andeutungen dem Alfred gegenüber, so dass es diesem plötzlich wie Schuppen von den Augen fiel, ihn jedoch keineswegs glücklicher machte. Vielmehr war das neue Wissen nur eine zusätzliche Last, zeigte es doch, dass das Entkommen aus dieser dörflichen Spirale von Beschuldigungen und Gegenbeschuldigungen umso schwerer aufzubrechen war, als die Bereitschaft zur Verleumdung zunahm, ohne Aussicht auf ein Ende, ohne einen Hoffnungsschimmer am Horizont.

Georg Müller hatte einen um zehn Jahre älteren Bruder, den er innig liebte, ja verehrte, man könnte schon sagen, anbetete. Paul hieß er, und Paul war die Mitte von Georgs Leben, ein Halt in der Brandung eines unsicheren und gefährdeten Lebens. Paul kam kurz vor dem Zweiten Reich zur Welt, an einem warmen Frühlingstag 1870. Dass er das Dritte Reich nicht mehr erlebte, ja dass er viel weiter davon entfernt war als sein jüngerer Bruder Georg, war eine wichtige Episode in der langen Geschichte, sozusagen der Urknall aller späteren Explosionen in Schondorf, die sich zwischen den beiden Familien abspielten. Paul war wohl, so hörte es Alfred von seiner Mutter Brigitte, die es jedoch auch wiederum nur vom fernen Hörensagen hatte, ein *Glückskind* gewesen, gesund, munter und von Herzen willkommen. Es war sein Glück, so innig von seinen Eltern erwartet zu werden, ein Glück, das längst nicht jedem Schondorfer zuteil wurde, erst recht nicht in jenen Jahren damals, als man aufgrund mehrerer schlechter Ernten fast von einer Hungersnot sprechen konnte, von der *großen Schondorfer Not 1875 bis 1878*, wie sie in der Ortschronik fast pathetisch beschrieben worden war. Nein, Paul war geliebt, und offenbar hatte man schon damals auf dem Müller'schen Anwesen genug zu Essen, dass er sich nicht verdingen musste als Knecht oder Großknecht bei den wenigen reichen Bauern in der Nachbarschaft. Nein, Paul sollte ein würdiger Erbe sein, ein von Gott Geliebter, wie es auch sein zweiter Name schon sagte. Gottlieb hieß er, wie sein Patenonkel, Paul Gottlieb, gesund und ein Geschenk des Himmels, von den Eltern geliebt, vom kleinen Bruder Georg verehrt.

Pauls bester Spielkamerad war Hugo Kummer, Alfreds Großvater, der nur wenige Tage nach Paul zur Welt gekommen war, jedoch als einziger Nachkomme in der *Kummerdynastie*, wie es später einmal sehr abschätzig geheißen hatte. Paul und Hugo wuchsen auf wie Geschwister; keinen Tag hätte es gegeben, an dem sie nicht zusammen spielten, herumstreunten, in die Schule gingen, gemeinsame Streiche ausheckten, und später dann, in strammen Jugendjahren, auch gemeinsam auf Mädchenjagd gegangen waren, in Munzinghausen auf der Kirchweih und in Gochsheim beim Weinfest. Sie liebten wohl irgendwann einmal dasselbe Mädchen, deren Namen Brigitte längst entfallen war. Und als sich das Mädchen für Paul entschieden hatte, war es wohl aus mit der jahrelangen Jungenfreundschaft. Hugo, so erzählte man sich, wurde offensichtlich blind vor Eifersucht, rasend vor Wut, und immer öfter kam es zu schlimmen Auseinandersetzungen zwischen den beiden nun durch die Liebe zu einer jungen Frau entzweiten Freunden. Eines Tages, es war im Sommer 1889, kehrte Paul von der täglichen Feldarbeit nicht mehr nachhause. Man machte sich große Sorgen, die Familie des Mädchens wurde aufgesucht, die jedoch auch nicht weiter wusste. Man alarmierte die Dorfwacht, und ein Trupp mannhafter Schondorfer durchstreifte damals tagelang die Felder und Wälder der gesamten Umgebung, von Gochsheim bis nach Holzhausen hinunter, vom Hohen Park bis nach Preisgau hinüber. Nach zwei Wochen fand man im Dorfweiher von Sennfeld, nur wenige Kilometer von Schondorf entfernt, die schon etwas aufgedunsene Leiche von Paul. Jeder in Schondorf dachte, ahnte, vermutete sofort, dass es sich beim Tod des beliebten, lebenslustigen und starken Paul Gottlieb nicht um Selbstmord gehandelt haben konnte; jeder in Schondorf dachte, ahnte und vermutete sofort, dass der Hugo etwas damit zu tun haben musste. Man war außer sich, am meisten jedoch grämte sich der kleine Georg Müller, gerade mal neun Jahre alt, und er betrachtete wohl immer wieder fassungslos den hinter dem Friedhof aufgebahrten Leichnam seines großen Bruders mit Entsetzen, mit endlosem Schmerz – und mit einer langsam aufkeimenden, stetig wachsenden und bald nicht mehr zu bezähmenden Wut auf den vermeintlichen Täter. Und weil, wie gesagt, jeder in Schondorf vermutete und spekulierte und redete, konnte auch der arme kleine Georg bald nicht mehr anders als genauso zu vermuten und zu spekulieren und zu reden, auf seine Weise, als Getroffener, als Zurückgelassener, als vom Leben Betrogener freilich. Und obwohl man es nie ganz beweisen konnte, und auch die aus Helmstadt angerückten Reichspolizisten in den Folgemonaten den tragischen Fall nicht aufklären konnten, war es dem Hugo Kummer bald nicht mehr möglich, den Verdacht ganz von sich abzuschütteln. Nie verurteilt, nie gerichtet und überführt, war er nun doch ein Geschlagener, ein Verachteter, außerhalb von Schondorfs Seele, zurecht vereinsamt in den Folgejahren, zweifelsohne schuldig, wegen einer krankhaften Eifersucht *so weit gegangen* zu sein, wegen eines Mädchens *so viel angerichtet* zu haben. Niemand sprach je in Schondorf davon, dass er Paul in den See gestoßen oder ihn ertränkt habe, jedoch waren die Umschreibungen und Andeutungen deutlich genug. So hatte er, wiewohl nie angeklagt und von offizieller Seite nicht mal mit einem Verdacht belegt, seine Richter in Schondorf längst gefunden. Der Antreiber des Sündenbocks, der Hetzer und Verurteiler von Hugo, war jedoch stets Georg Müller, der auf diese Weise glaubte, über den Tod seines Bruders hinwegkommen zu können, indem er einen anderen, Hugo, anklagte und beschuldigte. Und am liebsten vernichtet hätte.

Das Leben in Schondorf ging weiter, die Jahreszeiten kamen und gingen, Felder wurden bestellt und ausgesät, Kinder und Kälber kamen zur Welt, es wurde gestorben und gerettet, Mensch und Vieh, und niemand entging dem Strudel der Zeit, der Jahre, der Enge des Dorfes. Man blieb, nicht glücklich, aber doch lebensfähig, Hugo bekam Kinder, Emil und Georg, und Georg übernahm für seinen Bruder Paul den Hof und bekam ebenfalls Kinder, Ansgar, Rudolf und Roland, als wäre nie etwas passiert, als wäre man dem Tod nie nahe gestanden, als hätte man nicht allen Grund gehabt, diesem gottverdammten Schondorf für immer den Rücken zu kehren.

Wohl sahen sich Georg und Hugo immer wieder, unvermeidlich in einem 600-Seelen-Dorf, beim Kirchgang und im neu eröffneten Ochsen, beim Reichsturnfest und dem Plantanz. Man grüßte nicht, man schaute weg, man ließ sich in Ruhe, und doch gärte es unter der Oberfläche, weil so viele Andeutungen und Beschuldigungen die Sinne trüben mussten. Roland, Ansgars behinderter ältester Bruder, war noch am ehesten vom Familienhass verschont; vielmehr nahm er es wohl, weil er was mit dem Kopf hatte, wie es damals hieß, nicht wahr, wie sehr er von Kummers Seite, allen voran von Hugos zweitem Sohn Emil, dem späteren Vater von Alfred, als Strafe Gottes gesehen wurde, gebrandmarkt und grausam gezeichnet mit einer fantasielosen brutalen Härte, Roland gegenüber, seinen Eltern, selbst dem armen Gott gegenüber, der doch solches nie gewollt haben konnte, wie Alfred damals erfolglos einzuwenden versuchte, als er von Rudolf Müller aufgeklärt wurde über die alten Gräben und Gräber zwischen den beiden Familien.

Georg Müller nahm seinen tödlichen Verdacht Hugo gegenüber praktisch mit ins Grab, denn es fand keine Versöhnung mehr statt, weil er so schnell verstorben war 1928, dass sogar der Herr Pfarrer mit der letzten Ölung zu spät gekommen war und der armen Seele keine Absolution mehr erteilt werden konnte. Freilich war es nur Spekulation, ob der ergrimmte Georg, hätte er noch ein wenig auf dem Sterbebett liegen dürfen, noch ein Wort der Versöhnung zustande gebracht hätte. Und Hugo pflanzte wohl seinen Hass Georg gegenüber auf seinen Sohn Emil fort. Ein unsichtbares Band von Zerstörung lag zwischen ihm und seinem jüngeren Sohn, wie eine äußerst ansteckende Krankheit, die jedoch eigenartigerweise den ältesten Sohn Georg, später Alfreds so heiß geliebten Patenonkel, nicht befiel. Bei jedem sich einschleichenden Fatalismus, wenn man hinter die Kulissen von Schondorf blickte, gab dies später dem Alfred doch immer wieder auch die kleine, jedoch berechtigte Hoffnung, dass es möglich sein müsste, sich in Schondorf nicht anstecken zu lassen, dass es gelingen könnte, auszubrechen aus solchen verschworenen Kreisläufen von Ereignissen und Schuldzuweisungen. Und genauso, wie sich die Unversöhnlichkeit von Hugo auf Sohn Emil fortpflanzte, so schien auch zwischen Georg Müller und seinem zweiten Sohn Ansgar ein solches unsichtbares Band geknüpft worden zu sein, fast wohl schon in die Wiege gelegt, denn auch Ansgar war den Kummers *spinnefeind* geworden, wie man in Schondorf sagte, wie auch die Brigitte ihrem Alfred einmal erzählte. *Spinnefeind*, weil es wohl eher zu ertragen war, seinen Hass auf andere zu richten als auf den eigenen Vater, der ihn, Ansgar, und seine Hasenscharte niemals lieben konnte, ihn für einen Schwächling gehalten hatte bis zu seinem frühen Tod.

Wieder spielte ein Mädchen eine wichtige Rolle. Es war 1936, kurz nach dem dritten Jahrestag der Machtergreifung, als die kleine Liesbeth Gehring aus dem Nachbarort Munzinghausen auf ihre Weise die Macht über Ansgar auf zärtliche Weise ergriff und an seiner Liebe rührte. Er, voller Glück, trotz seiner Hasenscharte ein Gegenüber gefunden zu haben, konnte tagelang, ja wochenlang nicht mehr schlafen, voller innerer Unruhe, sein Glück kaum fassend, wenn er mit Liesbeth Hände haltend durch die Flure spazierte, schon am Samstag morgen seine Schuhe putzte und den Sonntagsanzug aus der Kammer holte, damit er ja nicht zu spät zum Kirchgang käme, wo er sie, seine Angebetete, seine *Jungfrau*, treffen konnte, zwischen dem Sanctus und dem Agnus Dei nahezu hemmungslos zu ihr hinüberschielend, ungeduldig das *Ita missa est* erwartend, um dann mit ihr in ein kurzes, unbeschreibliches Glück in Schondorfs Wäldern zu verschwinden. Für die Vergänglichkeit dieses Glücks, für das Zerbrechen einer zarten Pflanze neuen Lebensmutes beim gezeichneten Ansgar, sorgte *richtigerweise*, wie man zynisch anfügen könnte, so sagte es der Rudolf zum Alfred, der alte Widersacher Emil, der in Verteidigung seines ebenfalls schon längst verstorbenen Vaters Hugo sich dazu berufen fühlte, Ansgar zu diffamieren, seiner Hasenscharte wegen, seines Vaters Georg wegen, der seinem eigenen Vater wohl, wenn er noch könnte, nicht einmal im Grab die Ruhe gönnen würde, wie Emil damals meinte. Aber wie schon Ansgar Müller einen Vater verteidigte, der es eigentlich nicht wert gewesen wäre, dass sich der verachtete Sohn um seine Ehre kümmerte, so konnte man auch bei Emil sagen, dass er ja nicht gerade von Liebe zu seinem Vater Hugo erfüllt war, und dennoch glaubte, ihn, seine Familie, vielleicht gar sein vermeintlich gefährdetes Überleben verteidigen zu müssen mit einem bösen Gerücht, dass der Ansgar schwul sei, ja dass er mit der Liesbeth nur *angebandelt* hätte, um einen anderen Anschein zu erwecken. Dies meinte auf jeden Fall Rudolf Müller, freilich ohne auch dies jemals beweisen zu können. Doch wie schon sein Vater Georg bereitwillig einem Gerücht über Hugos angebliche Täterschaft glaubte, um endlich ein wenig Sicherheit zu haben, als ob dies den Schmerz lindern könnte, hatte sich genauso bereitwillig dieses blinde Vertrauen in ein Gerücht nun auch auf Ansgar Müller wie ein ansteckendes Virus übertragen.

Liesbeth war aus Munzinghausen, mit seinen 260 Einwohnern noch kleiner als Schondorf, enger, übersichtlicher, kontrollierter und starrköpfiger, und sie konnte sich mit ihren jungen 19 Jahren auf Dauer nicht gegen das Drängen ihrer Eltern wehren, doch mit diesem seltsamen Ansgar *aufzuhören* und sich einen *richtigen Mann* zu suchen. Und in seinem Entsetzen und der grenzenlosen Verletztheit überlebte nun Ansgar wiederum nur, indem er sich sofort entschieden hatte, hinter Emil Kummer den Teufel zu sehen, den Zerstörer und Diffamierer.

Die Tausend Jahre waren dann schnell an Schondorf vorübergezogen. Man hetzte und liebte, verurteilte und schwieg, ja man zog seinen Kopf aus der Schlinge, indem man genau aufpasste, wem man wann was sagte, über die neuen Zeiten, über den Hitler, über die *alten Geschichten*, und über die besonders Schlimmen, die, so wie Hugo Kummer, Unglück über ihre Nachkommen brachten.

Und trotz aller Aufgeklärtheit wurde man schon mal eines *bösen Blicks* verdächtigt, wenn der Unmut nicht weichen, wenn der Hass aufeinander überhaupt nicht mehr enden wollte. Ansgar verfolgte in diesen Jahren Emil mit Argusaugen, voller verletzenden und sich selbst zerfleischenden Wutes, und Emil wiederum wies in seinen Stammtischreden, unter dem Schutzmantel einer neuen braunen Zeit, auf die Blöden und Stumpfsinnigen von Schondorf hin, die doch einer Dorfgemeinschaft nur schaden würden. Das Wort *Hasenscharte* freilich nahm er nie in den Mund, und beim Kirchgang scheute er sich, je den Namen Ansgar auszusprechen. Aber man wusste, wen er meinte. Man wusste, zu welchem Gott er betete, zum starken, teutonischen, eben nationalsozialistischen Gott, von dem der Herr Pfarrer Bohr predigte, leidenschaftlich und drohend, mit Vorsehung und dem Führer geschuldeten Dank dafür, und es war Emil wie Balsam auf der Seele, als der Hochwürden einmal von den Arbeitern im Weinberg gesprochen hatte, und davon, dass man an Gottes Reich mit allen Kräften arbeiten müsse, und dass dies eine Frage von Moral und Anstand sei, und dass der Anstand manchen in Schondorf fehle, und dass es sogar Perversionen gebe, schlimme Dinge, die der guten Schöpfungsordnung widersprächen, sie ins Lächerliche zögen, und dass der Führer hier eine klare Sprache spreche, wenn es um die Schwulen gehe, und um die Zigeuner, die nichts arbeiten wollten.

Doch Ansgar und Emil blieben in Schondorf, wie so viele andere, sie litten an den Nachrichten von der Front aus dem Radio, der eine bis 1943, der andere danach. Und weil das Leben in Schondorf weiterging, auch am 8. Mai 1945 nicht alles still gestanden, sondern seinen gewohnten Gang gegangen war, ohne die Verblendeten beim Namen zu nennen, ohne jemals richtig aufzuräumen im braunen Sumpf, der so schnell nicht austrocknen wollte, konnten Ansgar und Emil weiterleben, bisweilen sogar in einer grotesken Normalität, ohne jedoch jemals den Hass aufeinander ganz aus der Seele zu geben. Ja, die alten Geschichten damals von Hugo und Paul gaben eigentümlicherweise Energie und Kraft zum Leben, die Hoffnung auf Vergeltung versprach eine bessere Zukunft, und davon hatten ja alle Schondorfer, auch Emil und Ansgar, nach '45 geträumt. Und wenn Emil bei manchen im Dorf verschrien gewesen sein sollte, dann nicht wegen seiner Sympathie für den Nationalsozialismus, erst recht nicht für seine verlogenen Kirchgänge und die gespielte Frömmelei an den Fronleichnamsprozessionen, sondern wegen der Tatsache, dass er der Sohn von Hugo war. Und wenn mal einer in Schondorf nicht über jeden Verdacht erhaben war, dann setzte sich dies eben auch auf die Söhne fort, wie ein unliebsames Erbe, von dem man sich nicht trennen konnte, weil es kein anderer übernommen hätte.

Ansgar sollte in den späteren Jahren keine Frau mehr finden und blieb sozusagen ewiger Junggeselle, und auch der Emil wurde in seinem Leben nicht mehr so recht glücklich. So starb er 1955, nicht gerade in einem biblischen Alter, ein wenig betrauert von Brigitte, seiner treu gebliebenen Frau, zur Kenntnis genommen von Alfred, der sich bei der Beerdigung zusammennehmen musste, um nicht gänzlich unbeteiligt zu wirken, regelrecht bejubelt von Ansgar Müller, der beim Friedhofsgang ein wenig Befriedigung fand bei der Vorstellung, nun auch den unliebsamen Alfred unter die Lupe zu nehmen, weil man ja auch von ihm einmal gesagt hatte (es war Geli gewesen), er sei schwul und wolle deswegen keine Frau zu sich nehmen. Und vielleicht wäre es ja für Ansgar Linderung, nun diesen entsetzlichen Vorwurf, der ihm seinerzeit von Emil gemacht wurde, als er wirklich liebte und geliebt wurde, endgültig von sich abzuweisen, weil er nun an Alfred haften würde.

So blieben Ansgar und Alfred, wiewohl durch 27 Altersjahre getrennt, in einer Schicksalsgemeinschaft miteinander verhängt, getrieben, sich nie ganz aus den Augen lassend, nur weil das Erbe von Hugo und Paul damals so schwer auf ihren Rücken lastete, und kein Entkommen möglich schien. Man hätte aus Schondorf weggehen und anderswo eine eigene Familie gründen können, um den Schatten der Vergangenheit auszuweichen! Aber beide blieben in Schondorf. Und alleine. Und lebten weiter.

XVIII. Exitus

Am Montag nach dem ersten Adventsonntag 1982, morgens um 10 Uhr, hat Alfred Kummer die Austrittsuntersuchung, das letzte *Seelengelage* beim Dr. Weidmann, hinter sich und kann nun die Psychiatrische Universitätsklinik von Würzburg wieder verlassen. Weidmann, nein Waidmann, schlemmt noch einmal in seinen religionspsychiatrischen Gedankenflügen, denkt an die bevorstehende Habilitation und ist wohl aus wissenschaftlichen, also nicht niederen Beweggründen etwas traurig darüber, dass nun sein Schützling und Visionär Alfred das Forschungsrevier wieder verlässt. Dieser hat seinen Koffer bereits am Sonntagabend gepackt, die wenigen Habseligkeiten einzeln in nahezu ritueller Manier in die Hand genommen und sich darauf gefreut, dass sie bald wieder heimatliche Erde schnuppern können. Aber natürlich ist auch Wehmut dabei, Anneliese wird ihm fehlen, ihr freundlicher Blick, ihre wogenden Brüste, ihre zarten Finger, wenn sie nicht gerade durch die schrecklichen grünen Gummihandschuhe verdeckt sind, so denkt Alfred, als er die letzten drei Wochen seines Lebens hinter sich lassen möchte, eingedeckt mit einigen Hoffnungsschimmern, größeren Zweifeln an sich selber und einer großen Dosis Haldol, die ihm bis auf Weiteres zur täglichen dreifachen Einnahme mitgegeben worden ist vom Weidmann, der also seinen Visionen doch nie so recht trauen konnte während der Behandlung.

Es ist ein grauer, nasskalter Tag. Braune Schneereste säumen die Straßenränder, es geht ein feiner Nieselregen, in den der Schneefall nach Tagesanbruch übergegangen ist. Menschen sind dick vermummt in grauen Schals und haben ihre Regenschirme aufgespannt, hinten denen sie nahezu verschwinden. Zerrissene und durchnässte Plakate von irgendeiner Parteiveranstaltung und von einem Konzert in der nahegelegenen Philharmonie hängen an den Litfaßsäulen. Die Bamberger Symphoniker spielen Bruckner, so liest es Alfred, und für einen kurzen Moment denkt er sich ein anderes Plakat aus: *der Seher von Schondorf erzählt live von seiner Erscheinung*.

In der Nähe des Bahnhofs sucht Alfred Zuflucht vor Nässe und Kälte und trinkt im Sternenbeck eine Tasse Kaffee. Und er brütet vor sich hin, was ihn wohl zu Hause erwarten wird. Er hat sich gleichwohl so an das enge Revier vom Waidmann gewöhnt, dass er nun die neue Freiheit fast wie einen bösen Traum, zumindest als eine große Unsicherheit erlebt. Gleichzeitig konnte er mit seinem Seelendoktor so viele Gespräche führen in dieser kurzen Zeit, wofür es wohl bei den Schondorfern Jahre benötigen würde. Jawohl, das Reden hat ihm gut getan, und nun wird er wieder zum Schweigen verurteilt sein, weil ihn keiner verstehen oder sich für ihn interessieren wird, ja weil er niemandem von der Marienerscheinung erzählen kann, er, der Außenseiter von Schondorf, der aufgrund seiner Erscheinung doch eigentlich zum Mittelpunkt werden müsste, wie damals die Kinder in Marpingen, wie vor kurzem die Kinder in Medjugorje, ja wie alle Seher von Erscheinungen zu allen Zeiten an den Orten, an denen sie lebten, in den Dörfern, die durch ihre Erlebnisse nicht mehr dieselben geblieben waren. Pilgerströme von Gläubigen in Fatima, riesige Bewegungen in Lourdes, Aufsehen und ungläubiges Staunen in Marpingen, neuer Kult in Medjugorje, so zählt Alfred in etwas trübsinniger Stimmung auf. Aber in Schondorf wird nichts passieren, niemand wird Kenntnis nehmen von der außergewöhnlichen Erscheinung, falls sie denn wirklich eine solche gewesen ist. Keine Zeugen hat es gegeben, und kein Fürsprecher für ihn und für Maria wird in Zukunft zu finden sein.

Alfred nimmt den Fränkischen Landboten in die Hand und überfliegt unkonzentriert die Schlagzeilen. Ein Flugzeugabsturz in der Türkei, eine Flutkatastrophe in Indonesien, Geburt von Vierlingen im städtischen Krankenhaus. Er legt die Zeitung wieder weg, trinkt seinen längst kalt gewordenen Kaffee aus und verdrückt noch eine Laugenbrezel, die in einem schmutzigen Körbchen auf einer fettigen Serviette liegt. Er zieht seinen Mantelkragen wieder hoch, geht auf die Allee hinaus und läuft über letzte Schneereste auf dem Gehsteig zum Bahnhof, um den Regionalzug nach Gochsheim zu besteigen, mit Haldol, Erinnerungen, ein wenig Freude und durchaus auch mit Befürchtungen. Was wird ihn zu Hause erwarten? So trägt er Anneliese, Weidmann, seine Kollegen von E 8 und die vielen anderen unbekannten Gesichter mit nach Hause, schweigend durch das kalte Wetter fahrend, er blickt durch die nassen Scheiben auf das fränkische Hinterland, in dem Strommasten, Bäume und einige verstreute Bauernhäuser und Stallungen an ihm vorbeiziehen, an Wiesenbronn vorbei, Helmstadt umfahrend, und dann Preisgau und Gochsheim Richtung Schondorf. Wo alles begann. Und vielleicht auch mal endet.

Es ist ein Montagmorgen, als er dem zweiten Advent entgegengeht, dem Weihnachtsfest, dem Jahreswechsel, den letzten Tagen eines Jahres, in welchem ihm die Erscheinung widerfahren ist, die ihn zu Boden geworfen, nachdenklich gemacht, die ihn aufgewühlt und in die Psychiatrie geführt hat. Und wer ihn jetzt sehen würde, mit seinem alten hochgesteckten Mantel, der schwarzen Pelzmütze und seinem ebenso schwarzen Köfferchen in der Hand, der würde ihn wohl für einen Fahrenden halten, für einen, der Meerrettich und Schuhbürsten verkauft, im fränkischen Hinterland von Haustür zu Haustür ziehend, mit einer geschwätzigen Botschaft für alle, die ihm, aus eigener Langeweile heraus, fünf Minuten widmen, vielleicht auch eine Viertelstunde, bisweilen sogar für eine Tasse Tee hereinbitten in die gute Stube. Für einen Vertreter würde man ihn halten, der an diesem frühwinterlichen Vormittag seine Runde dreht, als er in Gochsheim ausgestiegen und zur Bushaltestelle gelaufen ist. Fröstelnd wartet er auf den Schulbus, welcher ihn in weniger als zehn Minuten inmitten einer lärmenden Schar nach Hause bringen wird.

Dutzende Male bereits hat er während seiner kurzen Reise von Würzburg her in die Manteltasche gegriffen, ob sein Schlüssel noch da sei, sein Schlüsselbund, an welchem nur noch der Kellerschlüssel und sein Büroschlüssel hängt; ein großer Schlüsselbund, der Wichtigkeit ausstrahlt, Bedeutung, Anschein von vielen Orten und Terminen. Und doch hängen nur drei Schlüssel dran, die für Alfreds ereignisloses Leben vollkommen ausgereicht haben in den letzten Jahren, so als ob sich sein Leben wirklich nur noch im Haus, im Keller und im Büro abspielen würde. Und er ist noch da, in der Manteltasche, natürlich, als er in Schondorf ausgestiegen und auf die Helmstadter Straße zugelaufen ist, vor sich die beiden Enkelkinder vom Kroners Paul, die nun auch schon in der dritten und zweiten Klasse sind, hinter sich einige unbekannte kreischende Kinder. Er kennt nicht mehr alle Bewohner von Schondorf, weil am Hohen Rain eine kleine Siedlung entstanden ist, in der nun neu zugezogene Familien wohnen. Vielleicht wäre er bei diesen Menschen sicher?

Alfred stößt einen tiefen Seufzer aus und betritt sein Haus. Der alte Vinz hat wirklich gute nachbarschaftliche Dienste geleistet, es ist alles aufgeräumt und offenbar sind auch die Kräuterstöcke noch frisch gegossen. Einige alte Zeitungen liegen säuberlich übereinander gestapelt auf dem Küchentisch, und daneben etwas Post, die sich nun mal selbst in einem Eremitendasein wie dem von Alfred anhäuft während drei Wochen. Vinz hat ja auch seinen Briefkastenschlüssel gehabt und die Post gebracht. Ein Kuvert vom Kugelfischer, welches ihn ebenso wenig interessiert wie die letzten Gemeindemitteilungen aus dem Rathaus und die beiden Werbeprospekte vom EDEKA-Markt in Gochsheim. Aber es liegt noch ein Brief dabei, zuunterst im kleinen Stapel, ohne Adresse, ohne offiziellen Aufdruck, welcher sein Interesse weckt, auch ein wenig Unruhe, weil er auf keine Post wartet. Und Thea hätte ihren Namen darauf geschrieben, dessen ist er sich sicher.

Alfred hat seinen Koffer noch nicht ausgepackt und auch sein Mantel hängt noch nicht an der Garderobe, er ist also sozusagen noch gar nicht richtig angekommen, als er sich auf diesen Brief stürzt und ihn öffnet.

WIR WISSEN ALLES. DIR IST DIE MUTTER GOTTES ERSCHIENEN UND DU BIST VERRÜCKT GEWORDEN. AUCH DAS IRRENHAUS HILFT JETZT NICHT MEHR. SCHER DICH ZUM TEUFEL

Alfred ist entsetzt, sein Herz schlägt sofort wild, er schwitzt, ja zittert, muss sich setzen. Eine Übelkeit steigt auf in ihm, er verkrampft und weiß nicht, was geschieht. Und Erinnerungen tauchen jetzt auf, als Alfred diese anonymen Zeilen wieder und wieder liest. Während der Kriegsjahre, es muss 1940 oder 1941 gewesen sein, war er eifriger Ministrant gewesen. Und er war voller Leidenschaft für den lieben Jesus, aber auch für die liebe Thea, ja damals schon, die er während den Katechismusstunden verstohlen und aufgewühlt betrachtete, ihr zartes Gesicht, ihre Verletzlichkeit, ihr sanftes Lachen, das ihm soviel bedeutete. Und selbst während der Heiligen Messe konnte er oft nur an sie denken und ließ also Ehrfurcht und Andacht sehr vermissen. Und an einem Herbsttag, an einem *Herz-Jesu-Freitag* Nachmittag, als die Katechismusklasse bei Hochwürden Herrn Pfarrer Bohr beichtete, war es auch für ihn, Alfred, so weit, dass er sein Herz ausschüttete vor diesem dunklen Gitter. Nicht dass er voller Vertrauen gewesen wäre zu dem schwarzen Herrn auf der anderen Seite, der unermüdlich, aber auch ohne scheinbare Regung, die kleinen und größeren Sünden der Buben und Mädchen anzuhören pflegte. Aber doch war er vom schlechten Gewissen geplagt, davon, dass ihm die kleine Thea wichtiger sein könne als das Jesuskind, sein Herz mehr erfüllte als dieses, ja dass sie ihm vertrauter wäre als das blonde Kindlein auf dem Tabernakel, das er natürlich auch liebte, mit seiner ganzen Bubenseele, aber eben nicht so wie die Thea. Und weil er aufgeregt war, das war er ja bei jeder Beichte, diesmal aber besonders, als er von Thea erzählte und schon wusste, dass der Herr Pfarrer dabei wohl keine Freude haben könnte, wie es dann auch gewesen war, hatte er wohl seinen flüsternden Ton vergessen und war in seiner Erregung etwas lauter geworden, und die alten Eichentüren des Beichtstuhls ließen seine Bekenntnisse nach draußen dringen. *Ego te absolvo a peccatis tuis*, sprach Dr. Bohr, und Alfred fühlte sich keineswegs erleichtert, als er mit rotem Gesicht die dunkle Höhle verließ, um draußen in der Büßerbank seine fünf Vater Unser und zehn Ave Maria zu beten. Und als er nach wenigen Minuten, immer noch nicht erleichtert von seiner Pein, aus der Kirche getreten war, konnte er bereits die Boshaftigkeit lesen, mit weißer Kreide neben dem Hinterausgang an die Kirchenmauer gekritzelt, die Ungeheuerlichkeit, durch die er am liebsten in den Boden versunken wäre, und nicht mehr auftauchen wollte in dieser bitterbösen Welt. Irgendein heimlicher Mithörer seiner Thea-Bekenntnisse hatte ihn tief getroffen: *der Alfred is in die Thea verlibt* war zu lesen, für jedes Kind aus der Katechismusklasse, genügend Stoff für tagelange, ja wochenlange Verhöhnung des armen Liebenden. Und das Schlimme war damals: er wusste nicht, wer das geschrieben hatte, wer ihn so bloßstellen wollte. Und niemals ist ein Name aufgetaucht, auch nicht später, kein Zeuge, der den Täter verraten hätte, kein Halt für den kleinen Alfred, der fast niemandem mehr hatte in die Augen schauen können, sich ins Wochenende fliehend, wohl wissend, am Montag morgen wieder alle Kinder sehen zu müssen, ihre hämischen Blicke, die doch nicht verrieten, wer unter ihnen der Übeltäter gewesen war.

Und wieder ist eine anonyme Nachricht in Alfreds Leben getreten, diesmal noch schlimmer, noch vernichtender, noch grausamer. Sie wissen also alles, um Himmels willen, sie wissen alles, dass er im Irrenhaus war, dass er im vergangenen Sommer eine Erscheinung hatte! Sie wissen alles, seine geheimsten Gedanken und inneren Bilder, doch gleichzeitig wissen sie nichts, überhaupt nichts von seinen Ängsten und Zweifeln, von seiner Liebe zu Thea eigentlich seit Kindertagen an, von den Gesprächen mit Weidmann, von seinen Erschöpfungszuständen und der Schlaflosigkeit. Sie wissen nichts von seinen unglücklichen Erinnerungen. Wer hat ihn verraten? Hat ihn jemand gesehen? Ist ihm jemand auf die Schliche gekommen? Gibt es gar etwas Übersinnliches, was andere plötzlich sehen, wissen und verurteilen lässt? Wie soll er noch in Schondorf weiterleben und sich auf die Straße wagen, wie den Blick irgendeines bisher unwichtigen Nachbarn ertragen? Und all diese sinnlosen Fragen, dieses vernichtende Nichtwissen haben für Alfred einen Namen: Ansgar Müller.

Mittwoch, 5. Dezember 1982

Die Welt ist doch bösartig. Diese elenden Schweine. Was habe ich eigentlich Ansgar getan? Er war es doch, oder? Zumindest weiß er davon, er redet über mich mit seinen Kollegen. Was versteht er schon davon? Und das alles nur wegen dieser alten Geschichten. Irgendwann muss der Kreislauf doch zu Ende sein! Bin ich also der letzte in einer langen Kette von Verdächtigungen und Spekulationen?

Und warum gerade die Erscheinung? Die anderen machen sich lustig darüber, und für mich ist es ein unsinniger Spuk. Kommt die Muttergottes noch einmal zurück? Zeigt sie sich dann auch Ansgar und den anderen, damit sie mich als Seher anerkennen, Respekt vor mir haben, ja vielleicht vor mir auf die Knie gehen? Wird dann alles berichtigt vor denen, die mich für verrückt halten? So ein kleines Marpingen nur, ein kleines Fatima, ein Lourdes in Miniatur, das wäre es doch bei uns in Schondorf! Dann würden sie nicht mehr lachen und bloßstellen. Aber warum sollte ich überhaupt ein Seher himmlischer Ereignisse sein, ausgerechnet ich, wenn diese nichts zu sagen haben, mir nicht, anderen ebenso wenig? Ich möchte nur, dass dies alles hier endlich aufhört. Und dass der Ansgar endlich sein Maul hält. Ich kann doch auch nichts dafür, dass mir die Maria erschienen ist.

XIX. Rituale

Schondorf ist ein Dorf, das Regelmäßigkeit schätzt. Alles hat seine Zeit, seinen Plan, seinen Ablauf, seine Bestimmung, seinen Sinn. Man lebt und lässt sich leben, jedoch nur im Rahmen der Regelmäßigkeit, der Vorhersehbarkeit, der Erfüllung der gegenseitigen Erwartungen und Annahmen. Man grüßt sich auf der Straße und beim Kroners Paul, weil man sich schon immer gegrüßt hat in Schondorf. Sobald jemand die Straße entgegenkommt, hebt man seinen Kopf und sagt *Morche* oder *Grüß Gott*. Und wenn zur Unzeit die Glocken läuten, also nicht um 6 Uhr morgens, um 11 und um 12 Uhr mittags oder um 18 Uhr abends, dann geht man auf die Straße und fragt einander, wer gestorben ist. Man könnte ja auch einmal nicht auf die Straße gehen, oder zum Beispiel die Frage stellen, weshalb die Glocken überhaupt um 11 Uhr läuten müssen, aber dies wäre schon nicht mehr im Rahmen der Regelmäßigkeit gewesen. Natürlich weiß niemand in Schondorf, weshalb um 11 Uhr geläutet wird, jedoch muss man dies auch nicht wissen, um sich wohl zu fühlen dabei. Dass zwar die Zeit fortschreitet, jedoch nicht die Sicherheit in diesem Fortschreiten verloren geht, dafür geht man auf die Straße und hört den Glocken um 11 Uhr zu. Und dass man am Freitag kein Fleisch ist und am Samstag Fleischwurst kauft beim Ochsen und am Sonntag Klöße gekocht werden, ist eben auch ein Geschenk an die Regelmäßigkeit, ein Opfer sozusagen für die Sicherheit, die sie schenkt, für die Fraglosigkeit, mit der man leben darf. Und so gäbe es tausend Beispiele dafür, dass es in Schondorf fast schon eine Philosophie zu nennen ist, mit welcher Regelmäßigkeit die Tage, Wochen, Monate und Jahre, ja bisweilen sogar Generationen, gelebt, gearbeitet, getrauert, gefeiert und durchstanden werden. Eine Philosophie der Wiederkehr, der Beheimatung durch Ausnahmslosigkeit, der Sicherheit durch den Ausschluss jeglichen Risikos zur Freiheit, zur Unvorhergesehenheit, ja zur Überraschung an sich. Man könnte sagen, dass Schondorf die Überraschung ausgeschaltet hat, durch tagelange, wochenlange, monatelange, jahrelange, generationenlange Übung im treuen Einhalten dessen, was *schon immer so war*, im treuen Vermeiden dessen, was *man einfach nicht macht*.

Und ungezählt sind die Fragen der Schondorfer Kinder zu allen Zeiten, auf welche genau diese beiden Antworten gegeben wurden, *weil es schon immer so war*, und *weil man das einfach nicht macht*. Von Müttern und Vätern, vom Herrn Pfarrer und dem Herrn Lehrer, von diesem und jenem, ja von jedem, dem man überhaupt eine Frage stellen kann. Warum darf man am Aschermittwoch kein Fleisch essen? Warum darf man nicht sagen, dass nicht alles in der Bibel stimmen könne, wo doch zum Beispiel der Adam und die Eva nur zwei Söhne gehabt hätten und dann dennoch so viele Kinder entstanden waren? Warum ist der Eberhards Georg nicht auf dem Friedhof beerdigt worden, nur weil er in den See gegangen ist? Warum darf man am Sonntag im Sommer Heu wenden, aber nicht auf dem Schulhof Fußball spielen?

Ein gutes, ja treffliches Beispiel für diese Philosophie der Regelmäßigkeit und der fraglosen Gewohnheit ist sicherlich auch das alljährliche *Ratschen* an den Kartagen, wenn die Glocken nicht läuten, also auch nicht um 11 Uhr des späten Morgens, wenn es eine Ausnahme gibt, eine heilige Ausnahme sozusagen, die durch alles und natürlich ohne jegliches Fragen gerechtfertigt ist, ja die es gewissermaßen geben muss, damit die Ordnung, die Regelmäßigkeit umso klarer und unverbrüchlicher erscheint, umso unantastbarer und sinnvoller. Es ist also die Ausnahme der Heiligen Drei Leidenstage, an denen sogar die Orgel in der Pfarrkirche schweigt. An diesen Tagen also, vom Gründonnerstag bis zum Karsamstag Abend, pflegen schon seit Generationen, *schon immer,* wie es heißt, die Buben von Schondorf mit ihren Holzklappern durch die Straßen zu ziehen mit kurzen Sprüchen und biblischen Weisheiten, unterbrochen jeweils durch das laute

Ratschen ihrer hölzernen Krachinstrumente. Und jeweils die Ältesten unter ihnen sind die so genannten Anführer, die das Zeichen zum Ratschen und für den nächsten Spruch geben, und die dann auch am Samstag Nachmittag, also vor der Heiligen Osternacht, herumgehen im Dorf und Eier sammeln und diese wieder verkaufen, womit das karsamstägliche Ratschen jeweils für die Anführer des entsprechendes Jahres zur Haupteinnahmequelle für das ansonsten sehr kärgliche Taschengeld wird.

Am Karfreitag war *schon immer* der Spruch der Buben zu hören:
Wie grausam waren die Juden gewesen,
das haben wir aus der Schrift gelesen.
Aus Hass und Neid, sowie aus Stolz,
schlugen sie den Herrn ans Kreuzesholz.
Wegen ihrer Missetaten, laufen sie herum bis heut',
in der ganzen Welt verstreut.
Darum beten die Christen das Freitagsgebet.

Wohl hat niemand diesen Spruch so recht verstanden; ja man hätte in Schondorf nicht einmal gewusst, weshalb es ein Freitagsgebet geben müsse, und was es mit den Juden so genau auf sich habe, dass sie noch immer so verstreut seien. Aber einmal jedoch hat es einen Bürger von Schondorf gestört, dass an den Heiligen Tagen solches Unheilige und Unselige, wie es damals geheißen hat, zum Erklingen käme. Es war der Brunner Toni, schon seit Ende der

Siebziger in Schondorf als linker Sozi verschrien, der einmal im Gemeinderat, wiewohl selber natürlich nicht Mitglied aufgrund der allgemeinen schwarzbraunen Stimmungslage im Dorf, vorschlug, das Gespräch mit dem Pfarrer Berninger zu suchen, der doch solchem Treiben ein Ende bereiten müsste. Und der damalige Bürgermeister, ganz der Philosophie der Regelmäßigkeit verpflichtet, wies den Toni scharf zurecht, es sei erstens nicht Aufgabe des Gemeinderates, mit dem Herrn Pfarrer zu disputieren, und es habe zweitens noch nie in Schondorf einen Grund gehabt zur Beanstandung, und drittens würden die Buben mit ihrem treuen Dienst beim Ratschen das kulturelle Dorfleben auch sehr bereichern. Und so ist es geblieben, das Geschrei von den grausamen Juden, von ahnungslosen kleinen Schuljungen in die kleine Schondorfer Welt hinausposaunt, und niemand mehr sonst wollte sich daran stören, die Gewohnheit durchbrechen, den Glanz der Vergangenheit zum Ermatten bringen, ja der Philosophie der Regelmäßigkeit und des *Schon-immer-so-gewesen* widersprechen, sie außer Kraft setzen und damit etwas zum Einsturz bringen, was schon solange stabile Gültigkeit besessen hatte, seit *urdenklichen* Zeiten, wie es geheißen hat.

Auch isst man in Schondorf nicht unbedingt, wenn man Hunger hat, sondern wenn es an der Zeit dafür ist. Kommen Gäste, fragt man sie nicht nach ihren Wünschen, weil es doch für sie unangenehm sein könnte, gefragt zu werden, wie es einem ja selber unangenehm ist, gefragt zu werden, was man wolle. Vielmehr wird ihnen vorgesetzt, was sie vermeintlich gerne haben, während man selber das am Tisch isst, was man nicht so gerne hat, weil es ja auch wohl der Gast nicht so gerne hat, wie man denkt, und dieser wiederum fügt sich fraglos in solche (zugegebenerweise nebensächlichen) Zuschreibungen und isst auch genau das, was er nicht so gerne hat, weil er wiederum vom Gastgeber glaubt, dass dieser dasselbe auch nicht so gerne hat. So wird jeder sonntägliche Besuch in Schondorf zu einer komplizierten Angelegenheit, weil jeder dem anderen unterstellt, genauso verquer zu denken wie er selber, und dies, wie gesagt, nur, weil es schon immer so war.

Man könnte fast sagen, das ganze Leben in Schondorf existiere dergestalt, dass nur sein darf, was schon immer so war. Keine Revolution ist hier denkbar, keine Umkehrung des alltäglichen Kreislaufes von Essen, Arbeiten und Schlafen, keine Neuerungen, Ausnahmen, Sonderwege, nichts, was Erstarrungen aufweichen, Regeln verändern würde. So lebt man und lässt sich leben im Rahmen dieser dörflichen Regelmäßigkeit, die zu durchbrechen sich niemals lohnen sollte, heute nicht, morgen nicht, überhaupt niemals, wie man sagt, weil es seine Ordnung haben müsse, wie es schon früher gewesen war. Die kleinen unvermeidlichen Änderungen, die *Anpassungen an den Zeitgeist*, von dem der Bürgermeister und der Pfarrer immer reden, sind demzufolge Gefahr für die Schondorfer Seele, Bedauernswertes, Verunsicherndes, allenfalls Geduldetes im Blick auf das größere Ganze der Ordnung, die durch solche kleinen Ausbrüche niemals gefährdet sein möge.

Und dennoch ist man schon öfters in Schondorf ausgebrochen! Die beiden Töchter vom Emil sind schon vor Jahren aus der Kirche ausgetreten und haben sich so den Zorn und die Scham nicht nur der eigenen Familie zugezogen. Und der Kroners Rudi mit seiner Depression ist auch schon längst ein *Ausbrecher*, weil er davon geredet hat, dass er depressiv sei, während man schon immer über so was geschwiegen hat, weil man damit nicht *in der Weltgeschichte herumposaunt*, wie gesagt wird, wenn man nicht richtig im Kopf ist. Auch der Herr Pfarrer Berninger ist bereits zum Ausbrecher geworden, freilich einer, dem man dies aufgrund seines Standes nicht so ohne weiteres vorwerfen konnte. Im letzten Jahr hatte er einmal in einer Predigt das Gedicht *Sachliche Romanze* von Erich Kästner vorgelesen und damit dann eine *ausbrecherische* Predigt über die Ehebrecherin im Johannesevangelium eingeleitet, in welcher er bedauerte, dass die Heilige Kirche so unnachgiebig sei mit denen, die ein zweites Mal heiraten, wenn sie beim ersten Mal todunglücklich gewesen seien. Und man hatte sich sehr über diese modernen Töne erregt, besser gesagt, über diese Misstöne, wo doch die Kirche *schon immer* eine klare Meinung dazu vertreten hätte. Man war erzürnt über solche geistige Brandstifterei, die doch zur moralischen Verwahrlosung führen müsse, zum *Dammbruch*, wie man sagte, zum Auflösen der Lebensordnungen in den Häusern, wo noch immer der Vater oben saß am Tisch und die Kinder mehr oder weniger schweigend auf ihre Teller blickten und darauf achteten, die Suppe nicht zu verschütten und vor allem sonntags das Hemd nicht zu beschmutzen.

Und auch die politischen Ausbrüche sind hier zu verzeichnen, die gefährlichen Minenleger von den Linken, von den Kameraden um den Brunners Toni, die die SPD wählten, die alles zerstören wollten, was den Schondorfern und allen Franken und allen Bayern doch heilig sein musste, das Reinheitsgebot und die Kirche und die rechte Ordnung, und selbst wenn man den Toni einen *demokratischen* Ausbrecher nennen musste, weil man ja das Recht hatte, frei zu wählen, so war er doch einer, der von innen aushöhlt, fast wie eine Krankheit, die den Körper langsam zerstört. Aber wenn man bedenkt, dass die Regelmäßigkeit in Schondorf, die Ordnung des Dorfes, eine Mitte darstellt, ein Maß der Mitte, freilich keine *Mittelmäßigkeit,* wie man spöttisch sagen müsste, dann war es ja naturgemäß möglich, nach beiden Seiten auszubrechen, sich abzugrenzen oder davonzulaufen. Doch die, die nach der anderen Seite ausbrachen, die schon 1966 die NPD gewählt hatten, die geistigen Nachfahren vom Schmids Sepp, die also im eigentlichen Sinne die demokratische

Ordnung aushöhlten, wurden nicht Ausbrecher genannt. Sie waren ja auf einem fruchtbaren Boden der Vergangenheit, vielleicht etwas zu tief schürfend im braunen Untergrund, aber dennoch verständlich, wenn selbst in der CSU die Liberalen immer mehr zu Wort kamen und nationale Gesinnung vermissen ließen. Und die unselige Koalition zwischen dem Katholizismus und dem Nationalsozialismus, diese eigentliche geistige Brandstifterei, dieses unappetitliche Gebräu von Frömmelei und Nationalstolz, von Kirchgang und Stammtischparolen, gab den Unverbesserlichen, Schmids Sepp und seinen Konsorten, Rückhalt im Dorf, ja sogar heimliche Sympathie für ihre rechte Gesinnung.

Und es gab noch einen Ausbrecher, einen, der die Philosophie der Regelmäßigkeit und der Gewohnheit durchbrochen hatte, einer, der freilich erst durch eine besonders waghalsige Tat des alten Postbot dieses Ausbruches überführt worden war: Alfred Kummer, dem die Jungfrau Maria erschienen war! Alfred Kummer, der bereits in der Irrenanstalt beweisen konnte, dass er nicht ganz richtig im Kopf war! Alfred Kummer, ein gewaltiger Sonderling, wie sich jetzt zeigte, bei dem davon auszugehen war, dass all das Gerede über ihn, von Geli, von Ansgar, von der Postbots Vreni, irgendwie ja doch wahr sein musste, ein Körnchen Wahrheit also beinhaltete! Und Ausbrecher mussten naturgemäß wieder eingefangen werden in ihrem Treiben, obwohl es doch auch die Richtigkeit des Normalen umso mehr bestätigte, man also eigentlich auch dankbar sein könnte dafür. Aber so weit dachte die Schondorfer Seele nicht: ein Ausbrecher musste einfach mundtot gemacht werden, damit man wieder normal leben, damit das Leben wieder seinen Gang gehen konnte, für die Schondorfer, für Geli, für die Feuerwehr und den Schützenverein, für Ansgar Müller, für den Gemeinderat, für alle Bürger guten Willens, wie man sagte. Für die Regelmäßigkeit, wie man dachte. Und gegen die Bedrohung, wie man nicht zugeben wollte.

XX. Kopfgewitter

Bürgermeister Hofbauer starrt schweigend in seinen bereits überfüllten Aschenbecher, während er durch die rauchgeschwängerte Luft von seinem Stellvertreter Gebhard Pfister beobachtet wird. Die *Causa Alfred* steht an diesem verschneiten 18. Dezember 1982 auf der Tagesordnung. Der Ölofen knistert und verbreitet eine angenehme Wärme im kleinen Sitzungszimmer des Rathauses, in welchem jedoch eine Behaglichkeit nicht so recht aufkommen will. Die *Causa Alfred* liegt den beiden Herren im Magen und drückt wie ein unangenehmes, pochendes Geschwür in diesen vorweihnachtlichen Tagen, an dem sich doch eigentlich der Frieden über Schondorf hätte senken sollen, Eintracht und trautes Heim, wie man immer sagte, *trautes Heim, Glück allein*, jetzt vor allem vor Weihnachten.

Man war nach der letzten Gemeinderatsitzung noch lange beim Ochsen gesessen, hatte disputiert über ein Für und Wider, womit ein Eingreifen des Rates gemeint war, ohne dass freilich jemand genau hätte sagen können, was darunter zu verstehen sei. Natürlich, dem Alfred gut zureden, das wäre eine Sache gewesen, auch, ihn zum Schweigen zu bringen oder ihn zumindest dazu zu überreden, die Sache einfach zu vergessen und die Schondorfer mit seiner Vision in Ruhe zu lassen. Man war sich der Bedrohlichkeit solcher Worte nicht bewusst, ja, man hatte kein historisches Bewusstsein mehr, wie wenigstens einer im Rat, der Emil Erhard, anmahnte, wo man doch schon einmal in Schondorf, damals bei den Nazis, Leute zum Schweigen hatte bringen wollen, und so etwas dürfe doch nie mehr geschehen. *Oder soll denn aus dem armen Alfred ein zweiter Bruno Kroner werden?* hatte Emil gefragt. Und daraufhin hatte sich ein wenig Nachdenklichkeit und Stille breit gemacht, weil ja alle wussten, was damals mit dem Bruno geschehen war im Lager, zumindest vom Hörensagen her, dass er völlig zerbrochen, mit einem steifen Bein und mit einem Gehstock nach Schondorf zurückgekehrt war 1939, ohne jemals noch ein einziges Wort über seinen Lageraufenthalt zu verlieren.

Niemand hatte also eine Antwort gewusst, wie man nun ohne Gewalt verhindern sollte, dass sich die Schondorfer zum Gespött der ganzen Welt machen würden, wenn nur einmal bekannt werden sollte, dass einem der Ihrigen, der eben nicht mehr einer der Ihrigen war, die Mutter Gottes erschienen war, einem, über den man schon immer viel geredet hatte. Denn dann würden ja wohl viele

Menschen kommen, vielleicht richtige Pilgerströme, und sie würden Schondorf überschwemmen, und alle würden über sie reden, und immerzu nach dem Alfred Kummer fragen, ihrem Seher, und vielleicht würde er sie dann alle zum Gespött machen oder sie anklagen vor den Gläubigen oder gar vor dem Hochwürdigsten Herrn Bischof, sofern dieser aus Würzburg vorbei kommen würde, um bei seiner Herde nach dem Rechten zu sehen, dass sie also, die Schondorfer, kein Ohr für ihn und seine Vision gehabt hätten, keinen Glauben im Herzen, und dass die Muttergottes die Gottlosigkeit im Dorf beim Namen nennen würde, und dass dann ausgerechnet der Kummers Alfred zum Richter über Schondorf bestellt worden wäre mit einer himmlischen, ja göttlichen Autorität, und dass sie, die Schondorfer, dann zutiefst verschämt und zurechtgewiesen vom Herrgott durch die Stimme Alfred Kummers, Buße tun müssten für ihre Frevel. Und dass sie zum Gespött in Munzinghausen, in Gochsheim und Sennfeld, ja wohl auch in Helmstadt, und vielleicht sogar im ganzen Kreis oder gar im Bayernland werden würden. Und letztlich war der Gemeinderat froh gewesen, dass Bürgermeister Hofbauer sich höchstpersönlich der Sache hatte annehmen wollen.

Hofbauer weiß in diesem Augenblick, dass die erhoffte Schützenhilfe durch seinen Stellvertreter ausbleiben wird. Gebhard hätte nichts dagegen, den Alfred einfach aus Schondorf zu *vertreiben*, wie er ja schon einmal beim Seefest gesagt hat, wo er den Frauen ungebührlich nachgaffen würde, nur weil er *auf der Strecke geblieben* war. Und so würde Gebhard naturgemäß auch nichts gegen den alten Postbot einwenden, der mit seiner illegalen Brieföffnung doch erst die ganze Sache ins Rollen gebracht hatte, so denkt Hofbauer, während er sich schon wieder die nächste Zigarette anzündet, kaum ist die alte verglüht. Im Grunde genommen hat Hofbauer keine besonderen Sympathien für den Alfred Kummer, und eigentlich kann er auch die Brieföffnung durch den Postbot, wiewohl ganz klar ungesetzlich, nicht so recht verurteilen. Was ihn jedoch quält, sind Bedenken ganz anderer Art. Was wäre eigentlich, wenn die Erscheinung vom Alfred echt gewesen, wenn ihm die Mutter Gottes also *tatsächlich* erschienen wäre, wenn also der Alfred demzufolge eine wichtige Botschaft auszurichten hätte? Was würde denn dann mit ihnen passieren, wenn sie den Alfred zum Schweigen darüber zwingen würden?

Gebhard zieht verächtlich seine Schultern hoch und beobachtet mit einem ungläubigen Staunen seinen Chef im Rathaus. Er hat nicht unbedingt damit gerechnet, dass auch der Hofbauer für solche *Narretei* ein offenes Ohr haben würde, wo man doch zwar fromm sein könne, aber doch nicht so übergeschnappt, als dass man den Fantasien eines Alfred Kummers derart auf den Leim gehen würde, grübelt Gebhard vor sich hin, während der Hofbauer von religiösen Skrupeln wirklich geplagt wird und sich nicht verstanden fühlt von seinem Vize, wohl auch nicht vom gesamten Gemeinderat. Natürlich wolle er, Hofbauer, keinen Menschenauflauf in Schondorf, wie es schon damals in Heroldsbach der Fall gewesen sei und in all den anderen Orten. Er habe ja nun inzwischen auch bereits einiges darüber gelesen. Und natürlich, wiederhole er, wolle er nicht ins Gerede kommen und keinen Ärger mit der Kirche haben, womöglich komme dann auch noch der Bischof von Würzburg, um nach dem Rechten zu sehen, und er als Bürgermeister müsse sich dann fragen lassen, ob denn Schondorf so ein verkommenes Dorf sei, welches einer himmlischen Ermahnung bedürfe, und er würde verantwortlich gemacht für das Gespött, das über Schondorf hereinbrechen würde. Naturgemäß wolle er, Hofbauer, solches nicht, schon um seine Wähler nicht zu vergraulen, die doch bereits im nächsten Frühjahr bei den bayerischen Kommunalwahlen erneut zur Urne gebeten werden würden. Nein, die Öffentlichkeit dürfe von der Erscheinung nichts erfahren, wie er Gebhard gegenüber betont. Aber dies sei eben nur die eine Seite der Medaille.

Hofbauer ist ein treuer Sohn der Kirche, wie man sagen würde, der seinen Dienst nicht nur während der Fronleichnamsprozession versieht, sondern das ganze Jahr über. Und er ist sehr katholisch erzogen worden, ja das Haus Hofbauer war eines der frömmsten gewesen in diesem Jahrhundert und hatte schon zwei Augustinermönche und eine Ordensfrau hervorgebracht in den Zwanzigerjahren und dann nochmals 1954, als sein Bruder Friedrich, ein Höhepunkt nicht nur für das Haus Hofbauer, sondern für das ganze Dorf, in Würzburg zum Priester geweiht worden war und inzwischen bereits zum Dekan aufgestiegen ist. Und man hatte dem Bürgermeister schon als kleines Kind die Liebe zur Muttergottes beigebracht und das „*Unter deinen Schutz und Schirm fliehen wir, oh Heilige Gottesgebärerin*" war schon immer sein liebstes Gebet gewesen, auch noch in späteren Jahren, als er bereits in der Schondorfer CSU etabliert war und sich anschickte, Chef im Rathaus zu werden. Als Kind hatte er die gottselige Bernadette verehrt (genauso wie Alfred Kummer damals), und nun soll er *dagegen* einschreiten, dass die Muttergottes erschienen war, anstatt *dafür* einzuschreiten, dass sie nochmals kommen möge, um ihre Botschaft mitzuteilen, um vielleicht eine Änderung in den Gewohnheiten der Schondorfer Bürger herbeizuführen?

Der Bürgermeister und sein Stellvertreter kommen zur späten Stunde überein, die Sache wenigstens bis nach den Weihnachtstagen nochmals ruhen zu lassen, um dann gemeinsam mit dem Alfred ein klärendes Gespräch zu führen. Er, Alfred, solle ihnen dann von der Erscheinung berichten, und sie würden daraufhin ein Protokoll erstellen, welches sie dem Pfarrer Berninger zur Begutachtung vorlegen würden. Und man müsse dem Alfred erklären, dass es vorerst noch besser sei, über alles zu schweigen. Und naturgemäß würde es auch ein sehr heikles, delikates Gespräch werden, dann sie dürften sich ja nicht auf ihre Quellen Postbot und Ansgar Müller berufen, und dürften auch ihre Kenntnisse von seinem Aufenthalt in der Irrenanstalt unter keinen Umständen erwähnen, weil sonst der Alfred womöglich noch zum Gericht gehen wird, wegen dem Öffentlichmachen von amtlichen persönlichen Dingen, und dann wird es ja erst recht zum Skandal kommen in Schondorf, wo ein alter Briefträger einfach Post öffnen kann und eine Arztgehilfin, zufälligerweise noch dessen Tochter, ärztliche Geheimnisse ausplaudert, und man mit diesem zu Unrecht erworbenen Wissen, wie ja Gebhard und der Hofbauer bekannt ist, einen bis dahin offiziell unbescholtenen Bürger von Schondorf dem öffentlichen Gespött preisgegeben habe, welcher sich dann zu Recht gegen solcherlei Verleumdungen wehren könne.

Als Bürgermeister Hofbauer und sein Stellvertreter Gebhard Pfister um halb elf in den nächtlichen Schnee hinaustreten, sind die meisten Schondorfer bereits zu Bett gegangen. Nur vereinzelt brennt noch Licht hinter ihren Fenstern, während in den Vorgärten, an den Hecken und über den Eingangstüren zahlreiche Lämpchen leuchten und schwache Gerüche von Plätzchen und allerlei Weihnachtsgebäck wahrzunehmen sind. Es ist ein Bild des Friedens, das die beiden vorfinden, voller Genugtuung, dass sie in einem so schönen Dorf politische

Verantwortung tragen und das Dorfleben entscheidend mitgestalten können, zusammen mit so vielen anderen ehrbaren und aufgeschlossenen Bürgern, wie sie nun beide voller Stolz denken.

Während ihre Schritte in der vorweihnachtlichen Stille sanft im Schnee knirschen und sich die beiden auf ihrem Nachhauseweg befinden, wälzt sich ein anderer Schondorfer schlaflos in seinem Bett herum, grübelnd, sinnierend, erschreckt und verängstigt. Seit dem anonymen Brief kann Alfred Kummer wieder kaum noch schlafen, und die kurzzeitige Erholung von seinem Erschöpfungszustand, welche er in der Psychiatrie gefunden hat für wenigstens einige Wochen, ist schon wieder einer inneren Erregung gewichen, die ihn trotz Schlafmittel nicht zur Ruhe kommen lässt.

Es graut ihm vor Weihnachten, dem Fest der Liebe und der Freude, des Friedens und der Stille, weil er es wohl eher als ein Fest der Verlogenheit und der Heuchelei empfinden wird. Alle werden sie in die Kirche rennen zur Christmette, sich beim Friedensgruß die Hand reichen, zuhause ihren Kindern schöne Geschenke machen und von der Geburt eines Kindes reden in warmen Stuben voller Punsch und Leckereien, und doch in ihren Herzen kalt bleiben, nicht nur der Ansgar, wie Alfred es sich in düsteren Farben ausmalt. Man wird weiterhin über ihn reden, und ihm weiterhin nicht zu erkennen geben, dass man nun auch schon weiß von seiner Erscheinung und von seinem Aufenthalt in der Psychiatrischen. Und es wird keine selige Nacht sein für ihn, kein verklärter Zauber, sondern eher Kälte und Schauder. Er wird mit Thea telefonieren, vielleicht noch den alten Vinz besuchen mit einer Flasche Wein; sie werden dann noch das Weihnachtskonzert zusammen schauen im Zweiten und dann ebenfalls zur Christmette gehen, sich irgendwo ganz hinten bei den gewohnten Plätzen vor den Weltkriegs-Totenlisten in den Bänken verkriechen und ohne große innere Beteiligung der Weihnachtsbotschaft und der Predigt lauschen. Und vielleicht wird er dann auch noch auf dem Regionalsender der bischöflichen Ansprache aus Würzburg lauschen, wo wie jedes Jahr von *Friede und Freude* die Rede sein wird, und eigentlich wird es dann wieder wie *Fchiede* und *Fcheude* klingen aufgrund der eigenartigen Aussprache des Hochwürdigsten Herrn.

Und irgendwann nach Weihnachten, im neuen Jahr, wird er wieder zu arbeiten beginnen, zuvor jedoch vielleicht in den Zwischentagen nochmals seinen Kollegen Walter Erhard in Sennfeld besuchen und seiner Frau einen guten *Randersackerer Ewig Leben* oder gar einen teuren *Würzburger Stein* mitbringen. Und er wird sich wieder gute Vorsätze machen für das neue Jahr, in der Hoffnung *auf bessere Zeiten*, wie man sich in Schondorf immer wünscht, voller Heuchelei und Verlogenheit wie das ganze Weihnachtsspektakel, so denkt Alfred, als er sich im

Bett herumwälzt und dann nochmals eine halbe Schlaftablette einnimmt, während zum gleichen Zeitpunkt, nur wenige Häuser weiter, die beiden Herren Hofbauer und Pfister sich friedlich neben ihre längst schlafenden und leicht schnarchenden Ehefrauen gelegt haben und einer guten Nacht entgegenträumen.

Und er, Alfred, wird sich zum hundertsten Male fragen, weshalb ausgerechnet ihm die Mutter Gottes erschienen ist, und er wird zum hundertsten Male nicht wissen, was er *wirklich* gesehen und was er nur halluziniert hat. Er wird zum hundertsten Male nach einem Sinn hinter der ganzen Sache suchen, doch er wird auf solche Grüblerei keine Antwort finden, genauso wenig wie er die Namen derer weiß, die bereits von ihm und seinem *Kopfgewitter* wissen, wie er es manchmal für sich nennt. (Er hat mal im Zusammenhang von Marienerscheinungen und epileptischen Anfällen von diesem Wort gelesen.) Ja, die Muttergottes hat sich in seinem Kopf festgesetzt und alles durcheinandergewühlt wie ein Gewittersturm. Und er wird, vielleicht von wenigen wie dem alten Vinz oder der Jocks Anna abgesehen, den Schondorfern nicht in die Augen sehen können, weil er sich ersparen möchte, auf Spott oder, was noch schlimmer wäre, auf Mitleid zu stoßen. Und er wird vielleicht auch solche Augen meiden, die es gut mit ihm meinen, die nichts gegen ihn haben, die überhaupt nichts wissen von der Erscheinung, und diese werden durch seine Missachtung gestraft, sozusagen als Opfer von Ansgar Müller, weil ja er, Alfred, nicht wissen kann, mit wem dieser inzwischen bereits geschwätzt hat.

Es wird Nacht in Schondorf und irgendwann ist auch das Licht in Alfreds Kammer erloschen.

27. Dezember 1982

Lieber Alfred
Erst heute komme ich dazu, deine Weihnachtspost zu beantworten. Du weißt ja, was bei uns immer über Weihnachten los ist. Bernds Eltern sind wirklich sehr alt geworden – Anton zittert sehr stark und kann kaum noch gehen, und Anna ist so schwerhörig geworden, dass man mit ihr nicht mehr richtig reden kann. Aber sie sehen eben so gerne unsere Buben. Mich hat es sehr gefreut, dass es dir nach dem Aufenthalt in Würzburg wieder etwas besser geht. Du sollst wissen, dass ich mich noch immer sehr verbunden fühle mit dir, und dass es mich recht getroffen hat, von dir und deinen Erschöpfungszuständen zu hören. Umso schlimmer ist das, was du mir von diesem anonymen Brief geschrieben hast. Es tut mir sehr leid für dich, und ich möchte dir auch so gerne helfen, weiß aber nicht so recht wie. Wenn du sicher bist, dass es Ansgar war, solltest du unbedingt mit ihm reden. Er ist zweifellos ein sturer Kopf, das hat schon mein Vater immer gesagt, als er noch Bürgermeister war, und der

Ansgar Gemeindearbeiter am Brönnhof. Vor allem muss er dir sagen, woher er das alles weiß. Hast du wirklich niemandem von der Erscheinung erzählt? Und von der Psychiatrie? Weiß der alte Vinz etwas? Aber der ist doch bestimmt verschwiegen wie ein Grab, und irgendwie wie ein Freund für dich, oder?

Es tut mir sehr leid, dass ich dich nicht besuchen kann über Weihnachten. Und ich will ehrlich sein zu dir: Bernd hätte was dagegen gehabt, wenn du uns besucht hättest. Er hat noch immer das Gefühl, du könntest ein Konkurrent für ihn sein. Es ist manchmal sehr schwierig mit ihm, fühle mich schon etwas eingeengt. Aber das muss ich dir ja nicht erzählen. Ich drücke dich fest und wünsche dir von Herzen alles Gute für das Neue Jahr.

Alles Liebe Deine Thea

6. Januar 1983

Liebe Thea
Vorhin waren die Sternsinger bei mir. Es war alles so normal, sie grüßten mich, sangen ihr Lied, malten ihr 19+C+M+B+83 auf den Türstock und zogen mit einem netten Dank über meine Spende weiter zum Vinz. Alles so normal, und ich weiß dennoch, es ist nichts mehr normal hier für mich. Aber die Kleinen wissen wohl noch nichts

von mir, was mir widerfahren ist, und vielleicht würden sie mich ja, selbst wenn sie es wüssten, nicht für verrückt halten. Habe noch sinniert über ihren Schriftzug. Weißt du, wir haben's ja damals gelernt beim Dr. Bohr. „Christus mansionem benedicat". Ich spüre herzlich wenig vom Segen, auch wenn's der schwarze Balthasar, ich glaube, es war der Kleine vom Erhards Emil, ernst gemeint hat. CMB, seltsames Kürzel, könnte das nicht auch eine Abkürzung für irgendeine Krankheit sein? Bin ich auch krank geworden?

Ich möchte auch ehrlich sein zu dir. Du bist so weit weg. Es sind nicht die 40 km zwischen uns. Es ist mein Bedürfnis, aus meinem Leben heraus zu kommen in deine Arme, und das ist nicht möglich, möchte dies dir auch nicht zumuten. Und manchmal zweifle ich sogar etwas daran, dass uns damals so viel verbunden hat. Und manchmal weiß ich nicht einmal, was du im Tiefsten deines Herzens von mir und über meine Gefühle und über die Marienerscheinung denkst.

Du merkst es wohl jetzt: bin ziemlich verwirrt...
Alles Liebe, Dein Alfred

XXI. Alptraum

Er tanzt mit Thea. Es ist alles so vertraut. Es gibt keine Ungewissheit, keine Peinlichkeit über diese Nähe. Da ist ein Wunsch nach Verschmelzung zu spüren, und ein gutes Gefühl, so wie es ist, wenn sich zwei Körper berühren, sanft, ohne Angst. Ja es fühlt sich an wie Beheimatung. Im Saal ist eine aufgeräumte Stimmung zu den Klängen der *Bluebirds*, die den Silvesterball begleiten mit zünftigen Rhythmen. Schondorf, Winter, Nacht, Schnee, vertraute Gerüche, vertraute Bilder und Szenen. Aber etwas ist unheimlich. Niemand redet. Der ganze Saal voller tanzender Schondorfer, bewegte Lippen, lautloses Gelächter, aber keine Worte sind zu hören, Unterhaltung ohne Resonanz, stumme Gespräche, und dazwischen immer wieder die Bluebirds, echoloses Schlagzeug, sanfte Stimme der Sängerin. Die alte Geli sitzt stumm vor ihrem Kräuterlikör, und der dicke Gebhard Pfister stiert in seinen halbleeren Bierkrug hinein. Ansgars Hasenscharte ist im Dämmerlicht kaum zu sehen, da er ganz hinten beim Ausgang thront mit etwas deprimiertem Blick, weil er es, bei seinem Alter, grundsätzlich bei solchen Anlässen nicht mehr wagt, eine Frau zum Tanzen aufzufordern. Auch der Erhards Emil ist da, am Honoratiorentisch sitzt er, an dem der ganze Gemeinderat mit dem Herrn Pfarrer und dem Doktor Kästner der Neujahrsansprache vom Hofbauer gelauscht hat. Immer dasselbe sagt der Bürgermeister am Silvesterabend, und der nächste Bürgermeister nach ihm wird auch nichts anderes sagen können. Vom Aufschwung ist da die Rede, vom Frieden, von den guten Schondorfern, die im vergangenen Jahr so vieles geleistet hätten, vom Schützenverein, dessen erste Mannschaft den Aufstieg geschafft hat, von der Feuerwehr, die prachtvoll ihr Jubiläum feiern konnte.

Theas Hand liegt angenehm auf seiner Schulter, während er sie immer sanft an sich zu drücken versucht. Aber obwohl sie scheinbar dem zärtlichen Druck immer mehr nachgibt, verringert sich der Abstand zwischen ihren Gesichtern nicht. Nur die Schweißtropfen sind zu sehen, zu schmecken, das Spiel der Körper inmitten der lautlos tanzenden Menge in der Mehrzweckhalle geht immer weiter. Es muss schon lange nach Mitternacht sein. Es ist spät, Nacht in Schondorf, Dunkelheit im leuchtenden Schnee draußen vor der Halle. Thea wird müde, und auch ihre Augen tränen etwas in der rauchgeschwängerten Luft. Er begleitet sie nach draußen, Hand in Hand, Körper an Körper. Niemand dreht sich um, niemand beachtet sie, sie gehen einfach durch die Menge hindurch, die unbeeindruckt von ihrem Hinausgehen weitertanzt, vor sich hin stiert, ins Bierglas schaut, redet oder gähnt, alles lautlos, voller Bewegung und doch seltsam ruhig.

Die kühle Luft kriecht wie ein eisiger Schauer über Alfreds heiß gewordene Stirn, und er spürt das schweißnasse Hemd unangenehm auf seinem Rücken. Sie tragen keine Jacken, obwohl es draußen friert und der Atem aus beiden Mündern eine riesige Wolke hinterlässt. Thea hat ihre Schultern nicht einmal bedeckt, wundert sich Alfred, und sie spaziert mit ihm hinaus in die Nacht, in den Schnee, unbeeindruckt vom nächtlichen Frost. Sie gehen um die Halle herum, vorbei an den zugefrorenen Autos. Vereiste Fensterscheiben, verfroren, zugemalt von der Nacht, vereinzelt auch beschrieben, vor noch nicht allzu langer Zeit, vielleicht von der Kälte trotzenden Handschuhen kleiner Lausejungen. *I love you*, steht da auf einem roten Kadett, kaum noch leserlich, weil schon wieder fast zugefroren, und *Meiner ist am größten* auf dem alten Lieferwagen vom Kroner Paul, der wohl die Getränke für den Festanlass geliefert hat.

Und Thea lacht und Alfred lacht. Sie lachen und gehen, wandern zum Dorf zu, Hand in Hand, mit entblößter Schulter und schweißnassem Hemd. Es ist kalt, bitterkalt, doch man spürt es nicht. Alfred spürt überhaupt nichts, nicht einmal Glücksgefühl über die Berührungen ihrer Hände, über das vertraute Spiel zweier Liebenden. Auch das Lachen ist wie zu Eis erstarrt, es wärmt nicht, es ist lautlos und stumm.

Sie haben soeben das Oberdorf verlassen und gehen auf den Dorfweiher zu, vor sich in der wegen des Vollmondes einigermaßen hellen Nacht die dunkle Silhouette des Hohen Parks ahnend. Plötzlich geschieht etwas. Etwas Unbegreifliches, Unsagbares. Es wird hell, richtig hell, dort am Himmel über dem Hohen Park. Immer heller und leuchtender. Nichts ist zu hören, nicht einmal ihre Schritte im harten Schnee. Aber ein Wind kommt auf, wird stärker, immer heftiger, schnell und ohne Vorwarnung. Schwache Erinnerungen an den Silvesterball, an die *Bluebirds* und an Geli und Gebhard verlieren sich in der Weite der Nacht. Und inmitten des aufkommenden Windes und der sich ausbreitenden Helle über dem Hohen Park sieht Alfred plötzlich die Erscheinung, diese verschwommene große Frau am Himmel, die rasend schnell Konturen gewinnt, fassbar wird und sichtbar. Alles ist still, auch der Wind, der noch immer heftig, aber lautlos weht. Alfred sieht die Erscheinung und fällt zu Boden. Er spürt den Schmerz in den Knien beim Aufprall auf dem Schnee. Die Erscheinung wird deutlicher, aber eigenartigerweise nicht größer, obwohl sie näherkommt, und die Arme der Frau beginnen sich zu bewegen. Sie öffnet ihren Mund am Himmel, bleibt jedoch lautlos wie der Wind. Und während sie mit ihrer rechten

Hand winkt, wird ihr Mund zu einem schwarzen Fleck, immer größer, das Weiß, die Helle der Erscheinung am dunklen Horizont immer mehr durchdringend, bis sich das Schwarz des Mundes vermischt mit dem Schwarz des Himmels und sich die letzten Spuren der Erscheinung ebenso plötzlich wieder auflösen, wie sie aus dem Dunkel herausgetreten sind.

Thea ist verschwunden, und es sind keine Spuren im Schnee mehr zu sehen, als wäre alles überschneit worden und zugedeckt. Der Duft ihres Parfüms hat sich verflüchtigt, und das Wärmegefühl in der Hand, die doch soeben noch von Thea umfangen war und berührt, ist verschwunden. Und es macht sich ein Gefühl von Verzweiflung breit – *sie* hat es auch nicht gesehen, Thea wird keine Zeugin sein für seine Erscheinung, sie wird ihm nicht versichern können, dass er nicht verrückt sei. Und er hat wieder nicht gehört, was die Frau wollte. Es gibt keine Botschaft, keine Bedeutung, keine Erklärung. Und die Verwirrung hämmert wie lautes, drängendes und nicht enden wollendes Klingeln in seinem Kopf.

Die Uhr neben seinem Bett zeigt 1 Uhr 20. Das Telefon hat ihn aus dem Alptraum geweckt, vielleicht sind es auch die Kopfschmerzen, die Alfred rasend in die nächtliche Wirklichkeit zurückbringen. 1 Uhr 20, und das Telefon klingelt Sturm, und trotz seiner Benommenheit wegen des Traumes fragt sich Alfred, ob das je in seinem

Leben vorgekommen ist, dass es nachts so spät läutet, dass da jemand mit ihm reden will zu dieser ungewohnten Stunde. Die Kopfschmerzen rasen, und sein Nachthemd klebt am Rücken, als Alfred verunsichert und etwas verschreckt den Hörer abnimmt.

SCHER DICH ZUM TEUFEL UND GEH WIEDER IN DEINE KLAPSMÜHLE ZURÜCK, WENN DU KEINEN ÄRGER WILLST.

Es ist eine verzerrte Stimme, mit einem Tuch vor den Mund gehalten, wie es Alfred einmal in einem Hitchcockfilm gesehen hatte. War es *Du lebst noch 120 Minuten*? (War dieser Film überhaupt von Hitchcock?)

Alfred hat das Gefühl, den Boden unter seinen Füssen zu verlieren, und er versinkt in ein kaltes Grauen. Nichts mehr denken und fühlen! Diese erbarmungslose Nacht irgendwie überstehen! Dieser drängende Wunsch nach dem Ende, nach der Stille! *Sie lassen mich nicht in Ruhe*, sagt eine Stimme in ihm, *sie wissen alles, beobachten mich, wollen mich zerstören*.

Einige Schneeflocken tanzen draußen im gelblichen Schein der Laterne an der Helmstadter Straße. Die Lautlosigkeit ist fast hörbar, obwohl alles, jedes Geräusch, jeder Ton, jedes Wort, im sanften Schnee verschluckt wird. Kein Rattern von Maschinengewehren gefährdet die Stille, kein böses Megaphon, welches Schlimmes in die Welt hinausposaunt. Es ist Frieden in Zeiten des Krieges, es fällt der Schnee, der alle Spuren beseitigt, Blut, flüchtende Schritte. deren Abdrücke bereits in wenigen Sekunden wieder verflacht und unkenntlich sind. Die Zeit heilt manche Wunden, der Schnee vergräbt Erinnerungen an Vergangenes. Er schließt ein, macht den Kopf leer und die Worte stumm, und er lähmt das Körperempfinden.

Bald wird der Gemeindetraktor heranfahren und sich mühsam einen Weg in den Schneemassen bahnen, um eine Schneise zu bilden für die Schondorfer, die am Morgen, also bald schon, in wenigen Stunden bereits, nach Helmstadt zur Arbeit fahren müssen. Auch er, Alfred, sollte wieder fahren, denkt er, während die Schneeflocken tanzen, friedlich und spielerisch im Schein der Lampe, in einer Nacht, die kein Ende mehr nehmen will. Und er wird sich wieder ins Büro setzen, seine Berichte schreiben und die Rechnungen für die Exportabteilung erstellen und fürs Archiv kopieren, und seine Kollegen werden ihn schräg mustern, ihn, den irre gewordenen *Seher*, und er wird nach Hause kommen, nicht einmal den alten Vinz zu Gesicht bekommen, der ihn trösten könnte, und die Häuser in Schondorf werden ihm verhasst sein, weil er sie nicht zerstören kann. Und er wird den stumm fragenden Gesichtern ausweichen am Samstag beim Einkauf, weil sie ja doch voller Mitleid fragen, ob er nun auch so wie der Kroners Rudi geworden sei, irre im Kopf, nicht ganz richtig, und man wird erst recht ganz nah an ihm vorbei gehen und ihn freundlich grüßen, und er wird spüren, dass hinter dieser Nähe ein Abgrund liegt, eine Verängstigung der Schondorfer, so als habe er eine ansteckende Krankheit, weil etwas Bedrohliches von ihm Besitz ergriffen hat.

Irgendwann schläft Alfred dann doch ein in dieser Nacht und er wälzt sich in einem seltsamen Dämmerzustand einem neuen Morgen entgegen.

XXII. Gedankenspiele

Natürlich ist dem Bürgermeister Hofbauer die ganze Sache äußerst unangenehm und gerne hätte er diese abendliche Disputation schon hinter sich gebracht, kein Zahnarzttermin hätte für ihn schlimmer sein können, kein Warten beim Doktor auf die nächste Spritze. Peinliche Fragen werden kommen müssen, so denkt er, und er wird keine klaren Antworten liefern können, um der Sache willen, wie er betonen möchte, damit nicht noch *unnötig Öl ins Feuer gegossen* würde, wie man in Schondorf immer zu sagen pflegt. Letztlich ist er sich nicht einmal sicher, ob es richtig und der Sache dienlich sei, dass er nun auch den Pfarrer Berninger informiert über die Dinge, die sich da zugetragen haben in einem friedlichen Dorf und in einem ereignislosen letzten Sommer, der genauso unbemerkt durch die Ortsgeschichte gewandert wäre wie die vielen Sommer vorher und die, welche noch kommen würden, wenn nun nicht eben *diese Sache* wäre.

Berninger gießt ihm noch einmal Wein nach, ohne dass Hofbauer ihm schon *reinen Wein eingeschenkt* hätte. Quasi als Vorleistung, so versteht Hofbauer die symbolische Geste seines Gastgebers, müsse er nun auch herausrücken mit der Wahrheit. Zu edel ist der *Sommeracher Katzenkopf*, als dass er, Hofbauer, weiterhin um den heißen Brei herumreden könnte, auch wenn er seine Verlegenheit wenigstens einigermaßen zu verbergen weiß. Er, Berninger, ist auf jeden Fall, und darüber ist Hofbauer mehr erleichtert als überrascht, noch nicht eingeweiht in die Geschehnisse, ja, er ist noch gänzlich unwissend, was den Alfred Kummer betrifft. Freilich müsse er doch, wie der Bürgermeister denkt, in der Frage von Marienerscheinungen eine Expertenmeinung haben, ein Wissen, um Klarheit zu schaffen. Hofbauer sucht sich immer Experten, um seiner eigenen Unsicherheit Herr zu werden, um seine Angst vor Fehlern (und vor der nächsten Wahlniederlage) in Griff zu bekommen. Berninger also, so Hofbauer, muss doch ein solcher Experte sein, der etwas darüber wisse, wann eine Erscheinung als echt und wann als Hirngespinst einzustufen sei. Auch Hofbauer ist ja durchaus ein frommer Mann, immer mehr von Skrupeln geplagt, was denn sei, wenn man den Alfred zu Unrecht des Wahnsinns, der Einbildung, ja der Zerstörung des dörflichen Friedens verdächtigte. Es könne ja sein, dass was dran sei an seinen Visionen, ja dass die Maria ihnen, den Schondorfern, und damit wohl auch ihm, dem Bürgermeister, etwas mitteilen wolle. Und gleichzeitig würde er, Hofbauer, sich dessen schämen, solche religiöse Dinge ernst zu nehmen, sich wie ein kleines Kind zu benehmen, wie es einmal der Toni in der letzten Ratssitzung von sich gegeben hat, und Hofbauer war zusammengezuckt, weil er ja als Rathauschef zweifellos keine Autorität verlieren durfte, weswegen er seine insgeheimen Zweifel an Alfreds angeblichem geisteskranken Zustand für sich behielt. Die *Sache* ist ihm schon etwas über den Kopf gewachsen in diesen ersten Wochen und Monaten des neuen Jahres 1983, das doch ein gutes Jahr werden solle, mit einem großen Fest für die Waldbauernschaft, die ihr 25jähriges feiern wird mit ihm als Schirmherrn, mit dem Besuch des Hochwürdigsten Herrn Bischofs zur 500-Jahr-Feier der Schondorfer Pfarrei im Juli, und schließlich mit der Kommunalwahl im Herbst, welche ihn hoffentlich noch einmal für sechs Jahre in seinem Amt bestätigen werde. Jawohl, ein gutes Jahr ist geplant, dieses 1983, und schon jetzt, Ende Februar, fühlt sich Hofbauer nicht mehr wohl in seiner Haut. Er weiß ja nicht, wer bisher über Alfreds Erscheinung informiert ist, wer schon alles darüber redet, ja wer vielleicht bereits an die Presse gegangen ist, um für oder gegen eine Erscheinung zu disputieren oder sich, noch schlimmer, zu ereifern über die unseligen Umstände, welche die Erscheinung ans Licht gebracht, besser gesagt, brutal gezerrt hatten.

Berninger ist verständlicherweise etwas schockiert über Hofbauers Ausführungen. Zum einen muss er natürlich aufs Heftigste die Aktion des alten Postbot tadeln, und dass man im Gemeinderat schon Ende letzten Jahres darüber disputiert habe, so Berninger, werfe kein gutes Licht auf die politische Führung Schondorfs. Andererseits ist er auch, wie Hofbauer weiß, ein aufgeklärter Theologe, ein Liberaler, wie man sagt, nicht mehr so fromm wie seine Vorgänger. Ja, Berninger redet gerne von Aufbruch und Erneuerung, vom Konzil und dessen Forderung nach religiöser Mündigkeit. Und auch mit der Marienverehrung hat er es nicht so, wie schon Hofbauers Mutter immer wieder bemängelt hat, die mit ihren 86 Jahren noch jede Maiandacht und jeden Rosenkranz in der Pfarrkirche aufsucht und mit ihrem Gemurmel bereichert. Ihm, Berninger, wäre es also gar nicht so gelegen, wenn nun gerade auf seinem Terrain, quasi in *seinem Stall*, die Mutter Gottes erscheinen würde, denkt Hofbauer, denn dann müsse ja auch er Farbe bekennen, wie er es denn mit der Möglichkeit einer solchen Erscheinung halte. Und natürlich wäre für Berninger eine Bagatellisierung der Ereignisse um Alfred Kummer bedeutend fataler als für ihn, Hofbauer, so denkt er, wo er ja nicht berufsmäßig an die Mutter Gottes glauben müsse wie der Berninger, der sich doch voll hinter den Alfred stellen müsste, wenn das, was diesem widerfuhr, wirklich wahr sein sollte.

Bereits ist Berninger am Öffnen des zweiten Bocksbeutels, als Hofbauer noch einmal zu bedenken gibt, welchen Aufruhr es in Schondorf geben wird, sollte diese Sache ans Licht kommen, er meine ja nicht nur das mit der Erscheinung, sondern auch das mit dem Postbot und vor allem mit dem bösen Geschwätz über Alfred, vielleicht sei da ja auch noch Vreni zu nennen, die beim Dr. Kästner arbeitete, denn irgendwoher müssten es doch Gebhard Pfister und seine Kumpanen herhaben, dass der Alfred auch in der Irrenanstalt gewesen sei. Und vielleicht sei der Alfred ja auch nur etwas verrückt geworden, weil man so schlecht über ihn redete, ja weil es in Schondorf schon immer viele böse Zungen gegeben habe, die behaupteten, er sei schwul, während andere lästerten, er habe es auf junge Mädchen abgesehen. Und wenn nun dieses *Objekt des Geschwätzes*, wie Hofbauer fachmännisch betont, in die Öffentlichkeit gerate wegen einer Marienerscheinung, dann würden über kurz oder lang auch Details über das Schondorfer Innenleben ins Gerede kommen, die Boshaftigkeit der alten Geli, die falschen Frömmigkeitsapostel wie die Jocks Anna, die noch während des Hochamts die nächsten verbalen Tiefschläge ausdenken würde, die Verleumdungen gegen Alfred Kummer und die alten Geschichten aus dem Krieg von den Müllers und von den Kummers. Man müsse dies alles verhindern, und das gehe eben nur, wenn erwiesen sei, dass es keine richtige Erscheinung gegeben habe, wozu er, Pfarrer Berninger, doch eine klare Meinung haben müsse.

Er kenne Alfred zwar schon einige Jahre, kann der etwas in die Enge getriebene Pfarrer Berninger nur sagen, wisse jedoch zu wenig über dessen innere Geisteshaltung. Er könne sich nicht denken, dass an Alfreds Geisteszustand Zweifel angebracht seien, er, Alfred, habe im Gegenteil auf ihn immer einen sehr wachen und besonnenen Eindruck gemacht. Dass ihm der Alfred gerade wegen dieser Geradlinigkeit eigentlich lieber als so viele andere Schondorfer gewesen sei, behält er freilich klugerweise für sich. Und wohl habe es der Alfred auch nicht so sehr mit der Mutter Gottes gehabt, er wisse ja noch aus seiner Kaplanszeit in Schondorf vor vielen Jahren, dass Brigitte Kummer eine tief gläubige Frau gewesen sei, sehr fromm und fast schon mystisch in sich gekehrt zu nennen, und oft, so Berninger, würden dann die Kinder sich aus solcher Geisteshaltung befreien, durch Abkehr von der Kindheit, durch Vergessenmachen solcher kindlichen Gefühle, zumal ja der Alfred einen schlimmen Vater gehabt habe, der Emil, den er zwar nicht mehr persönlich kennengelernt hätte, von dem ihm jedoch erzählt worden sei, dass er nicht nur den Alfred und seinen Bruder Josef geschlagen habe, (den zweiten Bruder Karl eigenartigerweise nie), sondern auch seine Frau Brigitte. Vielleicht war diese deswegen besonders fromm geworden, besonders der Mutter Gottes zugetan, um aus dieser häuslichen Brutalität auszubrechen in eine selige Welt voller zärtlicher Muttergottes-Gebete. Und dann könnte es durchaus sein, dass dem Alfred dieses *kindlich Flehen* einmal zu viel geworden sei, und er sich dann innerlich von seiner Mutter verabschiedet hätte, um anders als sie zu werden. Und es könnte also durchaus sein, dass die Muttergottes gerade ihm erschienen sei, um ihn wieder an seine kindliche Liebe zu ihr zu erinnern.

Oder aber, Alfred sei von Gewissensbissen geplagt gewesen, weil er das Andenken an seine verstorbene Mutter so wenig pflegt, dass er sich quasi in der Wahnvorstellung von einer himmlischen Erscheinung befreien wollte von diesen Schuldgefühlen, um nun über Maria wieder näher bei seiner eigenen Mutter zu sein und ihre Seele im jenseitigen Aufenthalt gewissermaßen zu trösten, dass er wieder zurückgefunden habe zur Mutter Gottes.

Berninger ist jetzt in seinem Element, nicht nur, weil er im Bürgermeister einen so aufmerksamen Zuhörer gefunden hat für seine geliebten psychologischen Ausflüge, sondern auch weil der *Katzenkopf* zu sehr mundet, so dass nun bald auch die zweite Flasche geleert ist und sich seine Zunge etwas gelockert hat. Freilich, so gibt er zu bedenken, könne es auch genau anders herum gewesen sein. Alfred könnte sich früh, als seine Brüder gefallen waren, wie er, Berninger, weiß, und sein Vater auf rabiate Weise ihm die väterliche Liebe versagte habe, so an seine Mutter angelehnt haben, dass er nach deren Tod völlig alleine dagestanden wäre und sich eine eigene Welt, quasi eine Traumwelt, aufgebaut habe, in der

der Weg zu wahnhaften Einbildungen nicht mehr sehr lang sei. Und dennoch könne er sich auch in dem *Identifikationsprozess,* wie nun Berninger fachmännisch expertiert, so dass der Hofbauer nur unbeholfen mit dem Kopf nicken kann, ein besonderes Gespür für die religiöse Welt jenseits unserer sichtbaren Welt entwickelt haben, so dass er die Gegenwart der Mutter Gottes in besonderer Weise wahrnehmen könne, was nun freilich für einen Mann, noch dazu für einen Buchhalter, auch wiederum etwas ungewöhnlich sei. Man könnte also, so beendet Berninger mit etwas unsicherer Stimme seine Ausführungen, auf keinen Fall sicher sein, ob die Vision, die der Alfred gehabt habe, echt oder geträumt, wahr oder erfunden sei.

Hofbauer hat nun viel Neues gehört, aber auf die entscheidende Frage, was er denn als Bürgermeister des von der Erscheinung heimgesuchten Ortes zu unternehmen habe, keine Antwort erhalten. Schließlich sei er, Berninger, ja auch nur für das geistige Wohl zuständig, und diesbezüglich werde er seiner Pflicht nachkommen und mit dem Alfred das Gespräch suchen. Er, Hofbauer, müsse jedoch an die irdischen Dinge dieser Welt denken und halt schauen, dass die Kirche im Dorf bleibe, und dass sich nicht bald ein ungewöhnlicher Auflauf von Presseleuten und religiösen Enthusiasten in Schondorf einfinden würde. Viel Neues, denkt Hofbauer also, aber kein Anhaltspunkt dafür, wie es weitergehen könne. Auf jeden Fall fürchtet er sich davor, dass man die *Sache* schon so weit ausgebreitet habe, dass sie nun nicht mehr zu stoppen sei. Es sei wie mit einer ansteckenden Krankheit gewissermaßen, so Hofbauer auf seine unbeholfene Art, die man schnell nicht mehr im Griff habe, wenn die zuerst Befallenen nicht in Quarantäne gebracht worden seien. Aber wie sollte dies in Schondorf gehen, wo zum Beispiel letztes Jahr nach dem Tod vom Jocks Josef schon am selben Nachmittag, als es zur Aufbahrung gegangen war, praktisch das ganze Dorf gewusst hatte, dass sich der Josef in seiner Scheune erhängt hatte? Je tragischer, furchtbarer, entsetzlicher ein Ereignis, so denkt der Hofbauer nun schon gleichermaßen angetrunken wie deprimiert, desto schneller mache es in Schondorf seine Runde. Und wenn nun der Alfred wirklich verrückt geworden sei oder auch wenn ihm die Mutter Gottes tatsächlich erschienen wäre, für beide Fälle gelte dies, dann würde es jetzt, während sie beide zusammensitzen, wohl schon das ganze Dorf wissen. Und morgen stehe es dann im Landboten und übermorgen käme noch der Bayerische Rundfunk.

*

„Wenn man schon nicht glücklich sein kann, so möchte man wenigstens, dass das Leben, auch das unglückliche Leben, sinnvoll sei. Mit dem Begriff des Sinns wird aber viel Unfug getrieben. Ein Hauptsünder dabei ist die christliche Religion, die uns lehrt, dass kein Spatz vom Dach fällt, ohne

dass es der Wille des Konstrukteurs dieses Vogels gewesen sei. Der christliche Glaube lehrt: Bleibt der Spatz oben, so ist das gottgewollt und sinnvoll; fällt der Spatz herunter, so ist das auch gottgewollt und sinnvoll – bloß verstehen wir diesen Sinn nicht. Wenn der Vogel also oben bleibt, so hat das einen Sinn, den wir verstehen können; wenn der Vogel aber nicht oben bleibt, so hat das einen Sinn, der wir nicht verstehen können. Ergo ist alles sinnvoll. In dieser Beweisführung liegt ein Widerspruch, der mich mehr anekelt, als dass ich es tatenlos ertragen könnte. In einem solchen Augenblick müsste man Gott, der diesen Spatz geschaffen hat, geradezu erfinden, bloß um ihm eins in die Fresse zu hauen.

Meiner Überzeugung nach existiert der Sinn. Die notwendige Konsequenz davon ist, dass auch der Unsinn existiert. Es kann nicht alles sinnvoll sein; gewisse Dinge müssen sinnlos sein. Auch vom Leben eines Menschen kann man nicht um jeden Preis behaupten, dass es sinnvoll gewesen sei. Die Sinnlosigkeit kommt eben vor, und selbst wenn man sich die Frage nach dem Sinn des Lebens im Augenblick des Todes stellt, ändert das nichts an der Tatsache, dass man dann die Frage nach dem Sinn des Lebens entweder mit Ja oder mit Nein beantworten muss. Wenn die Antwort nein lautet, so ist das für den Betreffenden schmerzlich, aber deswegen nicht weniger wahr.“[1]

---

[1] Fritz Zorn, Mars, S. 173f.

Wahrlich, er schreibt mir aus der Seele, voller Zorn über seinen Krebs. Wie sein Name, so sein Lebensgefühl, denkt Alfred im alten Wohnzimmersessel unter dem Schein der Stehlampe, eingehüllt unter der Decke, die Brigitte ihm einmal zu seinem 10jährigen Dienstjubiläum in der Kugellagerfabrik gehäkelt hatte. Wie mein Name auch, Kummer...

Das *mit dem Spatz auf dem Dach* hat was für sich. Wenn er es nun mit der Muttergotteserscheinung vergleichen würde! Niemals erscheint die Mutter Gottes, ohne dass es Gott, ihr Sohn also, gewollt habe. Folglicherweise macht es, wenn sie nicht erscheint, wie es ja üblich ist in unseren Tagen, einen göttlichen Sinn, denn der, der sie zu seiner Mutter gemacht hat (nicht umgekehrt), hat es so gewollt, und dies wäre ein Sinn, den man gut versteht, denn man kann ja nicht damit rechnen, dass die Mutter Gottes erscheint. Tut sie es aber dennoch, so hat eben auch das einen Sinn, weil in diesem Fall Gott offenbar nicht das Gegenteil gewollt hat – und so *wäre es also ein Sinn,* den man nicht verstehen kann, denn es ist ja nicht nachvollziehbar, weshalb die Mutter Gottes erscheinen sollte, noch dazu, wenn sie offensichtlich überhaupt nichts zu sagen hat.

Ich habe das Gefühl, langsam durchzudrehen, denkt Alfred zur späten Winterstunde. Ja, er findet einfach keinen Trost in der Vorstellung, keinen Sinn entdecken zu können. Mit wem sollte ich denn darüber reden. Mit dem alten Vinz? Mit dem Pfarrer gar? Was würden die denn verstehen?

Soll er etwa Ansgar zur Rede stellen? Hat der immer noch alte Rechnungen zu begleichen mit ihm? Aber wenn er es doch nicht war? Ein anderer? Hat ihn doch jemand gesehen im letzten Sommer, oder sogar sie, die Erscheinung? Aber dann müsste sich ja der Zeuge melden, und es würde ein wenig weniger Unsinn sein, was ihm da auf den Feldern vor dem Hohen Park passiert ist, denn dann hätten es auch andere gesehen, dann wäre es fast schon so wie bei den anderen Erscheinungen, wo ja auch immer mehrere Zeugen zugegen waren. Vielleicht hat Gott gewusst, dass man einem Einzigen nicht glauben würde, wenn er seine Mutter erscheinen ließe oder wenn diese selber erscheinen wollte. Man würde einem Einzelnen dieses Unglaubliche nicht glauben, denkt Alfred, und so denkt wohl auch Gott, und wäre es also nicht nur ihm alleine passiert, sondern vielleicht auch noch dem alten Vinz und der Jocks Anna, dann wäre es schon unwahrscheinlicher, dass alle drei nicht ganz bei Trost seien. Und wäre es womöglich ein Dr. Kästner oder gar der Hofbauer selber, dem sie erschienen wäre, oder wären sie Zeugen gewesen, dann würde es in Schondorf heißen, es sei schon nahezu unwahrscheinlich, dass sich diese ehrenwerten Männer geirrt hätten, ja man müsste sagen, es sei einfach zu glauben, dass das Unglaubliche geschehen wäre, dass also Alfred tatsächlich der *Seher von Schondorf* sei.

Irgendwann werde ich in diesem Dorf wahnsinnig, denkt sich Alfred. Er ist alleine mit seinen Zweifeln und dem Hader über die Sinnlosigkeit allen Geschehens, dessen er sich einfach nicht sicher sein kann. Warum sollte ein Spatz vom Dach fallen? Warum sollte gerade ihm eine Erscheinung zuteilwerden – und dies auch noch, wie beim Spatz, im Einklang mit dem Willen Gottes? Und wenn er nur mit ihm spielen wolle? Ist Alfred selber also auch so ein Spatz, der dem Willen Gottes nicht entfliehen kann, egal wohin er fliegt? Oder wohin er fällt?

XXIII. Kyrie

Der Frühling zog über das Land, freundlich und voller Nachsicht mit den letzten Kältenächten, denen er gnädigerweise noch bis Ende April ihren Platz ließ im winddurchwehten fränkischen Hinterland. Die Tage jedoch waren durchwegs schon so von der Sonne erwärmt, dass man sich an die wirklich eisigen Tage des letzten Winters bereits nicht mehr zurückerinnerte, obwohl doch das Thermometer noch knapp sechs Wochen zuvor auf unter minus 15 Grad zeigte, fast schon so wie damals, als Ansgar geboren wurde, ungeborgen im Schondorfer Eis.

Der 1. Mai war überall ein Tag der Gewerkschaften, der Arbeiter, der Familienausflüge und der frohen Kunde von einem meist verlängerten Wochenende mit Aussicht auf sonnige Tage, nur in Schondorf nicht, naturgemäß auch in Sennfeld und in Preisgau nicht. Die kleine SPD-Opposition und die wenigen weit verstreuten Sozialismussympathisanten lockten keine großen Aufmärsche auf den Straßen hervor, sodass es sogar in Helmstadt, der traditionellen Arbeiterstadt, eigentümlich ruhig blieb am Tag der Arbeit, an dem diese doch ruhen sollte, wo man über sie und ihren Sinn (und über die Schlechtigkeit derer, die die Arbeitenden auszunutzen verstanden) nachzudenken hatte.

In Schondorf freilich war am 1. Mai schon immer das Nachtreffen des Festkomitees, welches das vorangegangene spätsommerliche Seefest organisierte. Schon immer war man da beim Ochsen gesessen, der Egers Toni, der auch noch seinen Geburtstag feiern konnte, diesmal gar die runde Schnapszahl von 55 Jahren, die Müller-Brüder Ansgar und Rudi, und natürlich auch der Pfister Gebhard als Komiteevorsitzender und *Chef-Steakgrillmeister vom Dienst*, wie er sich stolz zu nennen wusste. Auch der Kroners Paul durfte als Getränkelieferant nicht fehlen, wenn noch einmal Rückschau gehalten wurde auf das vergangene Fest, auf die Finanzen und allfällige Überschüsse, und dann selbstverständlich auch Vorschau auf das nächste Seefest in gut drei Monaten.

Wisst ihr eigentlich schon, dass der Rudi jetzt eine volle Rente bekommt, fragte Toni seine Kollegen. Dabei hätte er nur mit dem Trinken aufhören sollen, meinte Ansgar, und dann hätte er doch wieder arbeiten können. Nicht bei seinem Schwergewicht, der ist doch so langsam, dass ihn keiner brauchen könne, ergänzte Gebhard und wurde vom Erhard Emil, der am Nachbartisch in seinen Krug stierte, unterstützt. Soviel Faulheit dürfe man doch nicht unterstützen, da liefe etwas falsch mit der Sozialpolitik, woraufhin der Getränkelieferant für die etwas zivilisierteren Zwischentöne sorgen wollte, indem er einwandte, der dicke Bauch vom Rudi könne ja auch von den vielen Medikamenten kommen, welche der Arme einnehmen müsse, weil er doch so depressiv sei. Nicht so viel saufen, wiederholte sich Ansgar, und es würde ihm etwas besser gehen. Und weil der Egers Toni eigentlich nichts gegen den Frührentner Rudi hatte, war er sichtlich froh, dass sich die Runde nicht allzu lange seiner Frage widmete und er wohl eine Neuigkeit ohne großen Überraschungseffekt präsentiert hatte, denn selbst der Gebhard, in dessen Weltbild es nur fleißige Arbeiter und faule Säcke gab, und der keinen Hehl daraus machte, zu welcher Kategorie er den Frührentner Rudi zählte, trug nichts wesentlich Neues oder Aufbauschendes zum Thema bei, so dass es alsbald unter dem Tisch versandete.

Dagegen wusste der Jocks Peter Neueres über die Scheidung von der Bruna Pfister. *Habt ihr es auch schon gehört*, dass sie jetzt vor Gericht ziehen will, weil er sie angeblich einmal verprügelt haben soll. Der arme Heinrich, er tut doch keiner Fliege was zu leide, meinte Egers Toni, etwas unangenehm von diesem neuen Thema berührt, wo er doch selber, wie es in Schondorf hieß, einigen *Dreck am Stecken* hatte mit seiner heimlichen Freundin, mit der er sich noch immer regelmäßig traf, um seiner eigenen Frau zu *entrinnen*, wie man sagte. Daran sei ja wieder der Herr Pfarrer schuld mit seinen neumodischen Ansichten, warf Gebhard Pfister ein, es gäbe selbst in der Kirche keine klaren moralischen Maßstäbe mehr, die unverrückbar seien. Alles würde in Frage gestellt werden, früher hatte es einfach geheißen, man bleibe zusammen, und wir Alten sind doch auch glücklich gewesen, wie mein Vater immer sagte, ergänzte der Jocks Paul, der freilich als überzeugter Junggeselle auch gut reden konnte. Ja, die Bruna ließe sich jetzt sogar teuer auszahlen vom Heinrich, der müsste kräftig in die Tasche langen, weil die beiden Buben ja bei ihr blieben, wie Toni wusste, dabei hätte man es dem Heinrich doch schon vor der Hochzeit sagen können, dass er da mit der Bruna eine ganz *Durchtriebene* sich geangelt hätte, freilich attraktiv und *sexy*, und bei diesem neumodischen Wort aus Tonis Mund mussten alle ein wenig grinsen, aber doch eben auch ein gefährliches Weibsstück sei sie, wurde ergänzt, welches es auf das Geld angelegt habe.

Es war wieder diese seltsame Mischung aus Bierseligkeit, später Stunde, dankbaren Erinnerungen, männerhafter Frivolität und Vorfreude auf das nächste Seefest, die das Gefühl eigener Wichtigkeit bestärkte, was wiederum die Zungen löste, die Gedanken befreite, jegliche Fesseln aus Vorsicht oder gar vornehmer Zurückhaltung sprengte und einander *aufs Maul schauen* ließ, wie man sagte. So nahm schließlich der Müllers Ansgar mit seiner unglücklichen Hasenscharte das Heft in die Hand und *redete Klartext*, wie später noch, in Rückerinnerung an diesen Abend, einige Anwesende der Runde bestätigen, ja regelrecht bezeugen konnten. *Was soll man denn davon halten*, dass gestern Nacht sämtliche Fensterscheiben in meinem Kuhstall eingeschlagen worden seien? Er habe noch was gehört in der Nacht, sei dann jedoch nicht aufgestanden, und habe erst am Morgen die Bescherung gesehen, und er sei zunächst völlig schockiert gewesen über den Schaden, und habe sich auch gleich beim Glaser in Sennfeld gemeldet, es sei ja doch noch manchmal in den Nächten etwas frisch, und zwei seiner Kühe hätten doch gerade erst gekalbt. Und dann habe er sich so seine Gedanken gemacht, meinte er, von Zigarrenrausch und regelrechten Bierschwaden eingehüllt. Der Gebhard wusste wohl gleich, wo es lang gehen sollte, und voller Scheinheiligkeit fragte er den Kollegen Ansgar nach seinen Vermutungen. Es können ja nicht viele in Frage kommen, erwiderte dieser, eigentliche Feinde habe er ja nicht in Schondorf, und dass es ein Auswärtiger gewesen sei, müsse man ja nahezu ausschließen, denn dazu lägen seine Stallungen zu weit weg von der Helmstadter Straße, und überhaupt, es gäbe ja sonst für einen Auswärtigen kein *Motiv* dafür, wie er fachmännisch ergänzte. Der Getränkelieferant war wohl noch nicht ganz so weit in seinen Überlegungen, jedenfalls gab er sich sehr überrascht über die Tatsache, dass der Ansgar offensichtlich schon einen konkreten Verdacht hatte, wo doch, so Paul, dies auch ein Lausbubenstreich gewesen sein könnte, beim letzten *Klappern* hätten sie ja auch am Karsamstag, vor der *Verbrennung des Judas*, die beiden Fensterscheiben in der Scheune vom Emil eingeworfen mit zwei bemalten Kieselsteinen, auf denen sie sogar noch irgendetwas draufgeschrieben hätten. Diesmal waren es keine Lausbuben, meinte Ansgar bestimmt und einen Augenblick lang wurde es still am Ochsen-Stammtisch. Und während die Hofmanns Martha nachfüllte, fragte Jocks Peter, ob er, Ansgar, wohl glaube, dass da jemand eine alte Rechnung mit ihm hätte begleichen wollen, während Rudi Müller seinem Bruder erwartungsvoll zunickte, er solle doch damit herausrücken, was er denke, es sei doch sowieso keine große Überraschung mehr, und vielen, ja den meisten ehrbaren Schondorfern seien solche Rachegelüste doch fremd.

Und es dauerte nicht lange, da lag Alfred Kummer gewissermaßen auf dem Tisch, sein Name wurde hin und her gewälzt, sein Vater und sein Großvater noch einmal gerichtet, als wäre dies nicht schon längst dutzende Male in Schondorf geschehen, und die Parteiergreifung für die Müllerfamilie war nicht nur eine Formsache, sondern auch tief empfundenes Pflichtgefühl, dem Ansgar beizustehen bei den Anfeindungen, die nun auch er noch immer zu erdulden hätte, obwohl er ja für diese *Dinge damals*, wie man sagte, nun wirklich nichts könne. Jawohl,

Alfred Kummer wurde unfreiwillig zum Mittelpunkt des späten Abends, wiewohl nicht anwesend, so doch mehrfach erwähnt, verspottet, verklagt, mit Kopfschütteln und Unverständnis über seine Eigenarten, und alles wurde noch einmal durchgekaut, dass er wohl damals schon, '45, wenn man ihn noch dran genommen hätte im Volkssturm, zu feige gewesen wäre, wo doch seine Brüder so tapfer gewesen seien, und dass er sich keine richtige Frau gesucht hätte, sondern dafür nur, und dies bis heute, den jungen Mädchen nachgaffen würde. Ja, sagte Ansgar, *was soll man denn dazu sagen,* dass einer behauptet, ihm wäre die Mutter Gottes erschienen, wo er einfach nicht richtig im Kopf sei, und im letzten Jahr sogar, wie wohl alle wissen, im Irrenhaus gewesen sei. Man könne ihn nicht ernst nehmen, einerseits, so Ansgar, andererseits jedoch sei er auch gefährlich, weil er alle und alles ins Lächerliche ziehe, nur weil er kein richtiger Schondorfer sein wolle, und weil er es nicht vertrage, so der leicht behinderte Rudi seinem Bruder beipflichtend, dass er keine gekriegt hatte, vielleicht ertrage er seine Unbedeutendheit nicht mehr und wolle berühmt werden. Er, der keinen hochkriegt, will zum berühmten Schondorfer Bürger werden, das sei doch lächerlich! Ein großer Visionär unseres Landes möchte er sein, spottete man nun durcheinander, längst schon wusste man nicht mehr so genau, was man redete, jedenfalls wurde es laut, die Wortfetzen flogen in- und übereinander her, Gelächter über Gelächter, frivoler Voyeurismus und Schadenfreude, dumpfe Gefühle am Ochsen-Stammtisch, denen man nun freien Lauf ließ, weil der *liebe Alfred* am Pranger stand, an welchem schließlich immer einer stehen musste, gegen alle Sinnlosigkeit und Langeweile der Schondorfer Alltäglichkeit.

Und weil vorhin der Paul mal auf den Judas hingewiesen hatte, sagte zur späten Stunde noch irgendeiner am Tisch, man würde sich später nicht mehr so genau daran erinnern können, wer genau das so in die Runde geworfen habe, so einen wie den Alfred hätte man vielleicht früher auch verbrannt.

(damals)

Alfred sitzt auf der Stufe vor der Eingangstür und zählt die Fliegen, die er, längst totgeschlagen, fein säuberlich aneinandergereiht vor sich auf die Erde gelegt hat. Es sind Soldaten, gefallen im Krieg gegen einen übermächtigen Feind, allesamt erledigt durch Mut und viel Geschrei, und Alfred hat die Geräusche der Bomber imitiert, die die Fliegen von oben erlegt haben mit der Fliegenpatsche, welche er seiner Mutter aus der Küche abgeluchst hat, sein liebstes Spielzeug ist es. Brigitte hantiert drinnen am Herd, sie hat es nicht einmal bemerkt, Vater Emil sitzt in der Stube mit grimmigem Gesicht, weil er die Nachrichten hört. Sie haben sich zusammen mit den Nachbarn vom Schmids Hof einen Volksempfänger gekauft in Helmstadt, und nun sitzen sie und lauschen den Nachrichten von der Polenfront. Erst drei Wochen sind vergangen seit der „Provokation von Danzig", wie es der verblendete Sprecher nicht müde wird zu wiederholen, und schon ist fast ganz Polen in der Hand der Wehrmacht. Es werde noch andere Zeiten geben, es werden noch schlimme Dinge auf uns zukommen, meint er zum Schmids Sepp, während Brigitte bekümmert die Linsen aufkocht für das kärgliche Sonntagsmahl an diesem warmen Herbsttag, an dem die Fliegen von Alfreds Klappe erschlagen auf dem Boden liegen.

Der kleine Alfred ist unbeeindruckt von den Nachrichten; es sei sowieso nichts für Kinder, wenn die Männer in der Stube der Wochenschau lauschen, sagt Brigitte aus der Küche, während er, Alfred, noch einmal seine letzten Reihen zählt. 21 Fliegen liegen da in der rechten Division, neben 40 Fliegen in der ersten linken, und ebenso 40 Fliegen in der mittleren Reihe. Über 100 tote Soldaten also liegen hier, denkt Alfred befriedigt, und der Sturm der Bomber wird langsam schwächer, weil Brigitte zum Essen ruft. Der Schmids Sepp ist bereits gegangen, und ein missgelaunter Emil kommt aus der Stube und setzt sich schweigend an den Tisch. Karl und Josef haben schon Platz genommen und müssen sich nun noch einmal erheben zum Engel des Herrn. Immer wird der Angelus Dei gebetet am Sonntag, vor dem Essen naturgemäß, während der Linseneintopf auf dem Herd vor sich hinköchelt, friedlich fast und ohne penetrante Gerüche. Und das Wort ist Fleisch geworden, be-

ten sie, und Alfred denkt an das Fleisch da draußen vor der Tür, an die unschuldigen Fliegen, die er erschlagen hat im Spiel, während er die an- und wegfliegenden Jagdbomber betrachtet und an die Hauswand mit seiner Patsche geschlagen hat, immer wieder, jedes Mal die Fliegen zählend, die unter seinem Granatenfeuer ums Leben kommen. Und hat unter uns gewohnt, und Alfred kann sich nichts unter diesem Wort vorstellen, es habe etwas mit Gott zu tun, und es wolle also zu uns und bei uns bleiben, wie es Brigitte mal an einem langen Winterabend erklärt hatte. Ich bin doch selber wie Gott, denkt Alfred, ich kann alle Fliegen totschlagen, und die Soldaten fallen der Reihe nach von der Hauswand zu Boden und ich muss sie nur noch einzeln auflesen, an ihren ermatteten Flügeln packen und in die Divisionen aufteilen, Divisionen toter Soldaten, die nicht mehr kämpfen, die genug haben von den Bombern. Artig betet Alfred im Chor mit seinen beiden Brüdern den zweiten Teil des letzten Ave Marias, immer abwechselnd beten sie den Angelus, Emil und Brigitte sind die Vorbeter, und die drei Söhne machen den zweiten Teil. Alfred versteht nichts von diesen Gebeten, und Gott ist ihm fremd, und er versteht nichts von der Welt und dem fernen Krieg in Polen, aber von den toten Fliegen draußen vor der Tür kann er ein Lied singen. Und er versteht auch etwas von Brigittes Inbrunst, in welcher sie die Schönstattmuttergottes betrachtet, während er sie verstohlen ansieht, man müsste ja eigentlich zur Muttergottes schauen und zum Kreuz im Herrgottswinkel, aber Alfred betrachtet seine Mutter und spürt, dass sie dort Trost findet, wo er, Alfred, auch sein möchte, wo immer dies sein mag. Er kann sich nichts unter dem Jesus am Kreuz vorstellen, auch wenn er im Katechismus schon oft gehört hat, weshalb der Sohn Gottes hat sterben müssen so grausam, auch wegen seiner Sünden, wie der Herr Pfarrer Dr. Bohr gesagt hatte. Und es schien dem Alfred immer ungerecht, dafür könne er doch nichts, dachte er damals in der Schule, und naturgemäß hatte der Kleine nicht gewagt, solcherlei Zweifel auszusprechen, es hätte sicherlich eine Ermahnung und einen Schlag auf die Finger mit dem Stock gegeben.

Alfred weiß, dass es ein schlimmer Gott ist, der die Menschen sterben lässt wie die Fliegen, so wie diese Fliegen draußen an der Hauswand von seinen Händen erschlagen liegen. Und Gott würde offensichtlich niemals eingreifen, um sie zu retten vor seiner Fliegenpatsche. Und dieser Gott lässt also seinen Buben sterben, wie sich Brigitte stets ausdrückte, um ihrem kleinen Alfred die Liebe Gottes näher zu bringen, und doch spürt dieser, dass es die Wärme nur bei der Mutter Gottes gebe, die so mild und huldvoll auf den Tisch herabblickt, während sie schweigend ihr Linsengericht verdrücken, unterbrochen nur durch das Klappern der Löffel und durch die wiederholten brummenden Ankündigungen von Emil, es werde kein einfacher Krieg werden, in welchen die Deutschen da unter ihrem Führer hineingeraten, ja hineingezwungen worden seien durch die anderen bösen Mächte, die da im Spiel gewesen wären, also nicht nur in Polen, wie er sagt, und Alfred versteht seinen

Vater nicht, ist froh, ihn bei einigermaßen guter Laune zu sehen, in der letzten Zeit hat er doch oft, sehr oft herumgeschrien, meist seinetwegen, denkt Alfred, der Josef und der Karl kommen doch nie dran, die sind was Besonderes. Und vielleicht ist es mit Gott genauso wie mit Emil, denkt er bei sich, die wenigen Speckstückchen in seinem Teller zählend. Viel Geschrei, und manchmal auch die gefürchteten Schläge, aber es ändert sich ja doch nichts um Emil herum, der große Krieg ist genauso wenig aufzuhalten wie die Tatsache, dass das Essen immer schlechter schmeckt und kärglicher ist. Emil schreit herum, und er kleine Alfred will ihn nicht mehr hören, und vielleicht merkt dies sein Vater, dass man ihn nicht so richtig lieb hat, vielleicht vom Karl abgesehen, nicht einmal die Mutter Brigitte hat ihn richtig lieb, je mehr er herumschreit, und auch Gott ist so brutal und gleichzeitig so ohnmächtig, dieses Wort hat Alfred einmal in der Schule gehört, so ohnmächtig, dass er nichts dagegen machen kann, wenn die Fliegen auf den Boden fallen, wenn die Soldaten sterben.

Alfred möchte diese Mutter Gottes auch einmal sehen, richtig, nicht nur auf dem Bild im Herrgottswinkel und auch nicht nur im kleinen Messbüchlein, welches im Katechismus verteilt wird. Nein, er möchte sie einmal in Wirklichkeit sehen, sie fragen, ob es richtig sei, Fliegen totzuschlagen, sie fragen, weshalb ihr so mächtiger Sohn da nichts dagegen tue, sie fragen, ob es wirklich stimme, dass man unter ihrem Mantel so sicher sei, sicher gegen den Krieg, gegen die

Wutausbrüche des Vaters und gegen den Hunger im Magen, wenn der Linseneintopf mit den winzig kleinen Fleischstückchen nicht ganz gereicht hat. Er möchte sie fragen, ob sie einmal nach Schondorf zu Besuch käme, um den bösen Vater an die Hand zu nehmen und ihm zu sagen, dass er anständig mit seinem Alfred sein solle, um auch der Mama zu sagen, dass sie ein wenig mehr kochen müsse, und vielleicht dem Herrn Lehrer, dass er nicht immer so streng sei zu den Kindern. Alfred stellt sich vor, dass Maria nicht so ohnmächtig wäre wie der Gott, den man bloß anbeten müsste, ohne je zu wissen, ob er überhaupt zuhört. Ich höre ja Emil auch nicht mehr zu, denkt er, und dem Vater ist es gleichgültig, also soll es mir doch auch gleichgültig sein, wenn der Gott nichts mehr hört, aber bei Maria muss es anders sein...

XXIV. Experten

Obwohl Bürgermeister Hofbauer ein weltoffener Mensch ist, für Schondorfer Verhältnisse ein fortschrittlicher Bürgermeister von der CSU, so ist er doch den Therapieansätzen des Dr. Kästner gegenüber stets etwas kritisch eingestellt. Meist kerngesund und mit einer vollschlanken großen Statur gesegnet, hat er somit auch keine großen Schwierigkeiten damit, die Einsichten des Doktors von sich zu weisen, wenn wieder einmal ein Weh oder eine Krankheit eines seiner Mitbürger *psychisch bedingt* sein sollte, wie es immer geheißen hat. Und was er, Hofbauer, selber nie für möglich gehalten hat, tritt nun ein, der Fall eigener Hoffnungslosigkeit oder seelischen Leidens, wie er sich bange fragt. Ja, Hofbauer leidet, die ganze *Causa Alfred* bereitet ihm regelrechtes Kopfzerbrechen und dementsprechend hat er in den letzten Tagen und Wochen auch über permanente Kopfschmerzen zu klagen, wenngleich er bisher niemals Migräne gehabt hatte. Aber es schmerzt, und unruhig war auch sein Schlaf geworden in der letzten Zeit, zu viel Grübeln und Sinnieren mache ihn noch ganz krank, wie seine Frau Mathilde ihm hundertmal vorkaute, bis er sich endlich beim Kästner angemeldet hat.

Nach den üblichen Routinehandgriffen wie Blutdruck-Messen und Testen der Reflexe gibt Hofbauer bereitwillig Auskunft, wohl weil er sich eben stets einer Expertenmeinung anzuschließen pflegt, aber auch, weil er wissen will, wieweit nun das Gerede in Schondorf schon gediehen sei, ob man nun auch schon im Wartezimmer vom Doktor über die Erscheinung Bescheid wisse. Zuzutrauen sei dies seinen Bürgern, denkt Hofbauer, vor allem der Postbots Vreni, die ja nun zuhause an erster Quelle gesessen hatte, als die Geschichte mit dem Alfred aufgeflogen war, und die ja nicht gerade für Diskretion bekannt war, obwohl sie doch als Arztgehilfin sozusagen berufsmäßig zur Verschwiegenheit verpflichtet gewesen wäre.

Natürlich weiß Kästner längst Bescheid, muss sich jedoch auf seine ärztliche Schweigepflicht zurückziehen und darf somit über seine Gespräche mit dem Alfred nichts berichten, so dass er es vorzieht, sich als Unwissender auszugeben, und er lässt sich demzufolge von seinem prominenten Patienten nochmals alles erzählen bis in die kleinsten Details, von denen der Hofbauer erstaunlich viel zu berichten weiß.

Haben Sie schon mal was von Doppelgängern gehört, fragt nun der Doktor den Bürgermeister, er meine davon, dass es Menschen gebe, alles wissenschaftlich untersucht, die ihren eigenen Doppelgänger sähen, sogar mit ihm sprechen würden oder sich von ihm verfolgt fühlten. Natürlich sind dem Hofbauer die Zusammenhänge mit einer möglichen Marienerscheinung nicht klar, weshalb er auf weitere Erläuterungen des Experten warten muss. Jawohl, es gebe Halluzinationen der eigenen Gestalt, sogenannte *Heautoskopien*, wie sie schon von Edgar Alan Poe zu lesen seien, wobei der gute Poe naturgemäß dem Hofbauer nicht bekannt war. Es habe sogar schon Menschen gegeben, die ihren Doppelgänger, also sich selber, tot am nächsten Baum hängen gesehen hätten, und dann regelrecht suizidgefährdet gewesen seien. Verblüffend sei, so Kästner, wie detailgenau und körperhaft diese untersuchten Menschen ihre Doppelgänger wahrgenommen und beschrieben hätten, und sogar deren Gefühle so registrierten, als seien es ihre eigenen gewesen. Britische Hirnforscher hätten sogar, so Kästner weiter, eine Art Steckbrief der halluzinierten Doppelgänger veröffentlicht: diese tauchen meist aus heiterem Himmel auf, also ohne jegliche Vorankündigungen. Sie erscheinen ihren Opfern entweder schemenhaft verschwommen oder vielfarbig mit klaren Konturen. Meist seien diese Geisterfiguren stumm und starren ihre Opfer bloß an, ohne irgendetwas zu sagen oder sich irgendwie zu bewegen. Und meistens, so die Hirnforscher, so Kästner jetzt in seinem Element, würden die Doppelgänger wieder verschwinden, sobald die Opfer nach ihnen greifen oder sich ihnen nähern wollten. Und schließlich trete das Phänomen meistens in der Abenddämmerung auf oder im Morgengrauen, oft nur ein- oder zweimal im Leben, manchmal jedoch über längere Zeiten hinweg immer wieder. Die Forscher vermuten hinter diesen Halluzinationen Krankheiten wie Schizophrenie, schwere Depression oder Hysterie, woraufhin Hofbauer andächtig nickt, weil er ja auch stolz darüber ist, mit solchen anspruchsvollen Ausflügen in die Medizin gewürdigt zu werden. Untersucht seien Trugwahrnehmungen aufgrund von Schlaganfällen und Tumoren an der Hypophyse, bei Menschen im Fleckfieber-Delirium und auch bei Querschnittsgelähmten. Am häufigsten jedoch würden diese Heautoskopien bei Migränepatienten auftreten, oft auch unter Epileptikern, wie es zum Beispiel der berühmte Roman von Dostojewski *Der Doppelgänger* zeige, denn der Autor soll selber an einer Schläfenlappen-Epilepsie gelitten und sich also mit seinem Roman regelrecht die wahnhaften Bilder von der Seele geschrieben haben, wie Kästner meint, woraufhin sich die unwissend-zufriedene Gefühlslage beim Hofbauer noch verstärkt. Wenn die Dinge einen Namen erhalten, dann kann man doch beruhigt sein, so denkt sich der Bürgermeister.

Um seine Ausführungen nun doch etwas in eine mögliche Nähe zum Geschehenen um Alfred Kummer zu rücken, ergänzt der Schondorfer Leib- und Seelenarzt, dass sich solcherlei Truggebilde zum Beispiel bei Migränepatienten oftmals durch helle Lichterscheinungen ankündigen würden; manchmal reichten offenbar auch starker emotionaler Stress oder Erschöpfungszustände aus, um die Doppelgänger erscheinen zu lassen. Auch wenn man noch nicht genau wisse, was eigentlich im Gehirn vor sich gehe, wenn man seinen Doppelgänger erblicke, so Kästner, könne man doch davon ausgehen, dass es solche Erscheinungen gebe; vielleicht habe es sogar etwas mit dem *neuronalen Zentrum* im Gehirn zu tun, wovon Hofbauer noch nie gehört hat. Ja in diesem sei das Selbstbild eines Menschen gespeichert, wenn es eben zum Beispiel in einer Phase der Erschöpfung ungehinderte Reaktionen zeige und so für das Auftreten der *Ich-Verdoppelungen* verantwortlich sein könne. Und diese müssten sogar nicht einmal das gleiche Geschlecht haben!

Könnte es also nicht sein, dass Alfred im letzten Sommer eine solche *Heautoskopie* erlebt habe? Dass er einfach sehr erschöpft gewesen sei, vielleicht auch noch starke Kopfschmerzen gehabt habe, noch dazu an Einsamkeitsgefühlen gelitten habe, wo er doch so ein Eigenbrötler sei, was nun wiederum Hofbauer gut verstehen könne? Er, Alfred, habe ja offensichtlich die Erscheinung nicht genau beschreiben können, wie er, Kästner, aus Hofbauers Schilderungen zu entnehmen weiß. Und das würde natürlich die ganze Sache in ein völlig anderes Licht rücken: statt einer himmlischen, ja sogar mystischen Erscheinung einer göttlichen Gestalt, als die doch die Maria zu gelten habe, könnte man dann die ganze Angelegenheit auch mit hirnorganischen Mechanismen erklären, was doch für ihn, Hofbauer, beruhigend sein müsste. Denn dann, in diesem Falle, wäre dem Alfred auch medikamentös zu helfen, und ihm, dem Bürgermeister des Dorfes, wäre dies eine große Entlastung, weil es zu keinem befürchteten Massenauflauf in Schondorf kommen müsste.

Aber trotz all dieser Entwarnungsversuche des Doktors und den Bemühungen um Begriffe und Definitionen und wissenschaftliche Mutmaßungen will sich beim Bürgermeister keine große Erleichterung breit machen. Vieles von Kästners Ausführungen hat er nicht verstanden; und selbst das ihm Einleuchtende an den Erklärungen vermag ihn nicht zu beruhigen, da auch er ein gläubiger Mensch ist, kein regelmäßiger Kirchgänger naturgemäß wie die meisten Männer von Schondorf, aber doch im katholischen Glauben streng erzogen, und also auch in der Liebe zur Muttergottes in langen Kindheitsjahren unbeirrt belehrt und gehalten, an ihre Güte und Allmacht zu glauben. *Wer hat je umsonst deine Hilf angefleht, wann hast du vergessen ein kindlich' Gebet?*, so kommt es dem guten Hofbauer in den Sinn, als er versucht, den Deutungsversuchen von Doktor Kästner Glauben zu schenken.

Er, Hofbauer, stellt sich andere Fragen: Was wäre, wenn der Alfred Kummer wirklich ein tief religiöser Mensch geworden sei, wo er doch immerhin eine Mutter wie Brigitte hatte, die fast schon eine Heilige gewesen sein musste? Was wäre, wenn der Alfred in seiner Verzweiflung um ein Zeichen von oben gebeten hätte, das ihm nun auf diese Art gewährt worden sei? Was wäre denn, wenn der Alfred nun wirklich eine Botschaft auszurichten habe an die Schondorfer, die nun doch in den letzten Jahren nicht immer fein mit ihm gewesen seien, diese jetzt aber nicht verkünden könne, weil man ihn noch mehr als vorher meiden würde? Und vor allem bleibt ein letztes Unbehagen angesichts der Möglichkeit, dass die Erscheinung doch keine *Heautoskopie* gewesen sei, wie ihm der Kästner weismachen möchte, sondern wirklich echt: wie würde die Öffentlichkeit reagieren, die Zeitungen, ja auch die Kirche, wenn nun alles bekannt werden würde? Müsste man sich nicht fragen lassen, warum die Erscheinung nun fast ein Jahr lang schon totgeschwiegen wurde, weil man den Alfred für einen Spinner gehalten hat in Schondorf? Und er, als Bürgermeister dieses von Maria heimgesuchten Ortes, hätte er nicht schon viel früher seinen eigenen Glauben bekennen müssen? Fällt gar irgendwann einmal etwas auf ihn zurück? Weil er nichts gegen das Gerede unternimmt? Nichts *für* Alfred tut, noch nicht einmal mit ihm geredet hat? Was würde seine selige Mutter jetzt sagen, wenn sie noch lebte? Den freudvollen Rosenkranz beten in der Pfarrkirche, um die

Gnade bitten, dass die Jungfrau Maria nochmals erscheinen möge? Dass sie sprechen würde zu ihren Kindern, ihnen ein besseres Leben auftragen, sie anhalten zum immerwährenden Gebet? Und wenn etwas auf ihn, Hofbauer, zurückfallen würde: müsste er büßen für seinen Unglauben, leiden im Fegefeuer? Oder käme es gar noch schlimmer, wenn die himmlischen Heerscharen ihr Vertrauen in ihn, den Bürgermeister, setzten wollten und er dieses aus Feigheit enttäuscht haben würde?

*

Fehlender Bekennermut war kein größeres Problem für Pfarrer Berninger; er hätte sich nicht einmal als *bekennend* bezeichnet. Jede missionarische Geste war ihm fremd gewesen, und der Mut, seinen Glauben überall hinauszuposaunen, wäre ihm eher verdächtig erschienen. Er war sicherlich auch nicht besonders autoritätshörig, sowohl was die Ehrfurcht Gott gegenüber als auch betreffend seiner kirchlichen Vorgesetzten betraf. Schon in den Zeiten des Priesterseminars in Würzburg gehörte er zu den aufmüpfigen Alumnen, die sich lieber in die Exegese hockten, als den langweiligen Dogmatikvorlesungen zu folgen. Er hatte sogar einen kleinen heimlichen Zirkel mitgegründet, der sich verschwörerisch *Caps* genannt hatte: Club der aufgeklärten Priesterseminaristen. Sie wollten mehr wissen als glauben, mehr Mündigkeit als Infantilität, mehr Mitsprache als Hierarchie, ja auch mehr Jesus als Maria, dies hatten sie aus der Exegese, wo das Marienbild auf ein derart menschliches Maß zurückgestutzt wurde, dass für die allseits verbreitete und bekannte fränkische Marienfrömmigkeit kaum noch Platz zu sein schien, zumindest wenn man die Bibel noch ernst nehmen wollte, so dachte man bei den *Caps* damals in Würzburg. Über das Dogma der unbefleckten Empfängnis, gerade erst feierlich verkündigt in Rom vom *unseligen Pius*, wie es bei den Caps geheißen hatte, konnte man sich nur lustig machen, wie sich Berninger noch oft und gerne in Erinnerung gerufen hatte. Und weil man bisweilen sogar heimlich mit dem Sozialismus sympathisierte und selbst Chruschtschow nicht mehr als der größte Feind Gottes bei ihnen gegolten hatte, pflegten sich die Caps auch regelrecht zu stören an den Auswüchsen der Marienkulte überall auf der Welt, weil ihrer Meinung nach die Empfänger der Botschaften nicht nur Kinder waren, sondern in ihrer inneren Geisteshaltung immer hatten Kinder bleiben müssen, kindlich indoktriniert also von einer Mutter, die ihre Seinen unmündig halte, ihnen kein Leben in geistiger Freiheit ermögliche und stets die Gefahr des Kommunismus heraufbeschwören würde, so sagte man damals, wie sich Berninger erinnerte. Freilich gab es keinen offenen Widerstand gegen die Seminarleitung, weder Berninger noch der Mitkommilitone Burgmeister blieben auch nur einer der obligatorischen und demzufolge äußerst langweiligen Hausversammlungen fern, und als der alte Dogmatikprofessor in der Diplomprüfung wie erwartet nach seinem Lieblingsthema *Die Rolle der Muttergottes in den orthodoxen Kirchen* fragte, beteten beide wie auch alle anderen Caps schön brav die gelernten Vorlesungsexzerpte herunter, denn geweiht werden wollten sie schließlich alle. Und während der Burgmeister bereits in seinen ersten Kaplansjahren auf Karriere gemacht und es inzwischen bereits bis zum Domkapitular gebracht hatte, blieb Berninger sich und seiner Jugend wenigstens insoweit treu, dass ihm diese kirchliche Karriere versagt geblieben war und er sich mit der kleinen, wenig repräsentativen Dorfpfarrei von Schondorf hatte begnügen müssen.

Nicht nur theologisch, sondern auch auf menschlichem Gebiet war Pfarrer Berninger also durchaus ein aufgeschlossener Mensch, ja für manche Schondorfer regelrecht ein Dorn im katholischen Auge, weil er mit seinem modernen Gerede von Freiheit und religiöser Reife, wie er des Öfteren predigte, verunsicherte und aufrührte, wo doch *schon immer* Klarheit bestanden hatte über unverrückbare Wahrheiten und Gebote.

Was für ein Gegenstück also zum kleinen Dorfpfarrer war der Hochwürdigste Herr Bischof Dr. Schumann, der sich in seinem überdimensionierten, mit allerlei alten, fast beängstigenden Portraits seiner Vorgänger geschmückten Büro hinter seinem ebenso überdimensionierten Schreibtisch breit gemacht hatte. Er galt als konservativer Emporkömmling, der aus seiner vorsichtig kritischen Haltung dem großen Konzil gegenüber nie einen Hehl gemacht hatte, weil er eine zentralistische, geistig und politisch straff geführte und hierarchisch geprägte Kirche für überlebensfähiger hielt als alle anderen Entwürfe, und so von Gott gewollt. Auch marianisch war er, sehr sogar, er sprach immer salbungsvoll von der *heiligen Mutter unseres Herrn*, in allem ein Vorbild sei sie, welche allen Menschen *den Weg zum Sohn* öffnen wolle.

Als sich diese beiden gegensätzlichen Charaktere im bischöflichen Palais von Würzburg gegenüber sitzen, an einem warmen 10. Mai im Jahre 1983, könnte man meinen, dass die Rollen in diesem Schauspiel klar verteilt seien. Der eine müsste die *Geschichte von Schondorf*, wie sie inzwischen nun hieß, als lächerlich hinstellen, als menschengemacht aus einer sicherlich krankhaften Fantasie, während der andere frohlocken müsste über ein neues Fatima, ein neues Marpingen, mitten in seiner Diözese, und würde sich bereits als spiritueller Leiter einer neuen marianischen Bewegung sehen, als ein treuer Diener seines Herrn und dessen Mutter, und vielleicht würde er sich sogar für seine zutiefst fromme Haltung *nach oben* empfehlen für weitere Aufgaben, besser gesagt *nach unten*, denn Rom liegt ja doch sehr viel weiter südlicher als das Frankenland. Aber das Schauspiel hat keine klare Rollenverteilung, und der Grat zwischen den beiden Akteuren bleibt merklich verschwommen.

Der aufgeklärte Landpfarrer hegt plötzlich Zweifel an der angeblich krankhaften Fantasie eines seiner Schäfchen. Ja seitdem er zum ersten Mal, im November des letzten Jahres bereits, von Alfreds Vision gehört hat, ist er eigentümlich berührt vom Erzählten, und sein innerer aufgeklärter Widerstand gegen solches Geschehen bleibt überraschend schwach; jedenfalls kann er sich seitdem des Glaubens nicht erwehren, dass vielleicht doch etwas dran sein könnte an der ganzen Geschichte. Der fromme Herr Bischof hingegen, voller Liebe zur Muttergottes und ebenso voller Verehrung für seine leibliche Frau Mutter, welche hochbetagt noch immer im Juliusspital lebt, kann sich plötzlich nicht mehr so recht mit der Möglichkeit anfreunden, dass jetzt, so kurz nach Medjugorje, Maria schon wieder erscheine, sozusagen in Bilokation, denn dort im fernen Jugoslawien war sie ja noch immer wöchentlich mit ihren Botschaften zu vernehmen. Und er, Bischof Schumann, hat auch Bedenken bezüglich der möglichen Folgen für sein Ansehen und das der gesamten Diözese, wenn sich die Erscheinung als Schwindel herausstellen sollte, und die langwierigen innerkirchlichen Wege einer möglichen Anerkennung derselben schrecken ihn genauso ab wie der denkbare Vorwurf irgend eines Karrieristen in der Kurie, er, Schumann, habe seinen Laden nicht ganz im Griff.

Die beiden Gesprächspartner können sich unter diesen Umständen nicht auf eine gemeinsame Bewertung der Vorgänge im kleinen Schondorf festlegen; einig ist man sich jedoch unausgesprochen in der Tatsache, sich in der eigenen Haut nicht mehr ganz wohl zu fühlen. Der eine fühlt sich auf die Probe gestellt, an seiner modernen Theologie festzuhalten, sieht sich also regelrecht bedroht durch die Tatsache, er könne eine womöglich echte Marienerscheinung nicht ernst nehmen und somit geistlichen Schaden anrichten, während der andere sich gezwungen sieht, seine volkstümliche marianische Frömmigkeit zu hinterfragen, sich also bedroht fühlt durch die Tatsache, er könne eine womöglich unechte Marienerscheinung zu ernst nehmen und sich damit der Lächerlichkeit in der Öffentlichkeit von Franken, ja von Deutschland, und sicherlich auch von Rom, preisgeben. Naturgemäß wäre es beiden nur dienlich, wären die Ereignisse in Schondorf überhaupt nicht passiert. Der eine müsste nicht glauben, was er nicht will, der andere müsste nicht nicht-wollen, was er so gern geglaubt hätte. Berninger und Schumann sind also wie zwei ungleiche Fische, welche in einem großen Teich gemeinsam herumschwimmen, und doch sind beide gezwungen, an ihren Überzeugungen festzuhalten trotz Zweifel und Bedenken.

*

Als man sich geeinigt hat, vorerst noch Stillschweigen zu bewahren, sind bereits zwei Stunden vergangen. In diesen beiden Stunden ist die alte Geli auf dem Feld gewesen zum Unkraut jäten. Der Pfisters Gebhard sitzt in seinem Büro. Emil Erhard lädt einen Wagen mit Baumaterial. Bürgermeister Hofbauer nimmt an einer Kreistagssitzung teil (es geht um die Auslastung der amerikanischen Kaserne in Helmstadt). Der alte Postbot verteilt gerade die Post in der Brunngasse, während seine Tochter in der Praxis von Dr. Kästner das Telefon bedient. Thea Bretscher geht mit ihren beiden Söhnen zum Einkaufen, weil beide heute wegen einer Lehrersitzung im Schulhaus frei haben. Und Alfred Kummer liegt mit großen Kopfschmerzen in seinem Bett.

In diesen zwei Stunden ist vielen Beteiligten, den Mitwissenden sozusagen, nicht bewusst, dass aus einer möglichen Vision vom Alfred Kummer an einem heißen Augusttag im letzten Jahr längst *die Ereignisse von Schondorf* geworden sind. Niemand könnte diesen unangemessenen Plural rechtfertigen, ja nicht einmal im Singular darüber sprechen. Man dürfte eigentlich überhaupt nichts wissen, und selbst wenn man die Indiskretionen, wie schlimm sie auch waren, als gegeben hingenommen hätte, so hätte ja noch immer nicht klar sein dürfen, ob es überhaupt ein Ereignis gegeben habe im letzten Sommer auf den unschuldigen und bis dahin unbeachteten Fluren Schondorfs. Aber der Plural hat sich längst verselbständigt, man hat ihm sozusagen ein eigenes Leben eingehaucht, dass er nun nicht mehr zu bremsen ist in seinem Mitteilungsdrang nach draußen.

Die *Ereignisse von Schondorf* spuken also bereits herum in den Köpfen von Pfarrer Berninger und Bischof Schumann, von Hofbauer und dem Postbot, von Gebhard Pfister und Ansgar Müller, von Geli und vielleicht nun auch schon vom alten Vinz und von vielen anderen ungezählten Schondorfern, während Alfred Kummer mit Kopfschmerzen in seinem Bett liegt und einem hoffnungslosen Sommer entgegenträumt.

XXV. Dies Irae

An Christi Himmelfahrt zieht ein bunt gemischtes Volk im Sonntagsgewand zur Kirche. Aus allen Gassen, Straßen und Ecken strömen die Schondorfer herbei. *Alles, was Odem hat*, so wie es in einem alten Lied geschmettert wird, geht den notwendigen Gang, nur das Vieh wird zurückgelassen und einige wenige Alte und Kranke und die sie Pflegenden sind von der heiligen Sonntagspflicht in ebenso heiligmäßiger Weise ausgenommen. Ja, regelrecht stolz kann man sein, hat man zuhause seinen verwirrten Alten oder eine daniederliegende kranke Tante zu pflegen, ein wahrhafter Gottesdienst, wie es geheißen hat, und so kommt es, dass die nun kommende Begebenheit, folgender Irrsinn, Wahnwitz und Ausdruck einer traurigen Verlogenheit und Boshaftigkeit, nicht von allen Schondorfern gesehen wird.

Alles, was Odem hat strömt jedoch zum Ort des Geschehens, es sind also genug Menschen, die diesem vernichtenden Urteil beiwohnen werden, dem Fanal, das dem Opfer kein Überleben mehr ermöglicht. Und je mehr die Daheimgebliebenen, die Kranken und Krüppel also, die Nichtssagenden und Unbedeutenden in den Häusern von Schondorf an diesem hohen Feiertag zum Glockengeläute ergebenst in den Wohnstuben lauschen, je mehr also diejenigen, die *draußen* stehen, laufen und zum Amt wallfahren, ernstzunehmende Mitbürger Schondorfs sind, desto unbarmherziger, vernichtender, ja tödlicher wird das kommende Spektakulum sein.

Es ist Christi Himmelfahrt, wo der Herr die Seinen verlassen hat, wie es beim Heiligen Lukas geheißen hat, um zu seinem Vater, dem Herrgott, heimzukehren, und die Seinen betrübt nach oben geblickt haben, weil ihnen nun die Mitte, der Sinn, der gute Geist plötzlich fehlt. Und auch die Schondorfer scheinen sozusagen von allen guten Geistern verlassen worden zu sein, als sie fünfzehn oder zehn Minuten vor dem beginnenden Hochamt zur Pfarrkirche eilen, wie sie es immer getan haben, und wie sie es auch wohl weiterhin tun werden, wenn sich niemand mehr an die Geschehnisse erinnern wird. Naturgemäß könnte man ob solcher Dinge in einen Pessimismus fallen, in tiefe Depression sozusagen, dass Menschen Gewohnheitstiere sind, auch und besonders dann, wenn es um ihre Religion geht. Man wird also weiterhin, so ist zu vermuten, in Schondorf katholisch sein und ins Hochamt rennen, man wird weiterhin den Lauf eines Tages, den

Lauf eines Jahres, ja sogar den Lauf eines jeglichen Menschenlebens im Lichte Gottes betrachten und alles unter *seinen* Schutz stellen, während man freilich einander sich der Schutzlosigkeit preisgeben wird, wiewohl man sich katholisch und *schondorferisch* zeigen wird. Und man wird weiterhin den Herrn Pfarrer und den Herrn Bürgermeister grüßen, weil man Autoritäten und Honoratioren zu achten pflegt, auch wenn die Achtung vor dem unbedeutenden Nachbarn längst in den Boden gestampft worden ist wie durch eine unaufhaltsame Dampfwalze, die man als Sensationsgier bezeichnen könnte. Und man wird weiterhin beim Kroners Paul einkaufen und nicht im etwas ferneren, jedoch billigeren EDEKA-Markt, weil man sich verpflichtet fühlt, beim Paul zu kaufen und beim Kaufen gesehen zu werden, auch wenn man es schon längst gewusst haben könnte, dass solche *schondorferische* Verpflichtungen keinen Sinn mehr machen.

An Christi Himmelfahrt Anno 1983 also geschieht, was wohl schon zu erwarten gewesen ist, naturgemäß ein Spektakulum ohne Täter, welche sich unsichtbar gemacht haben in Schondorf, getrieben von einem irren und wirren Hass auf alles Außergewöhnliche, in Schondorf noch nie Dagewesene.

An der Kirchenmauer, gleich rechts beim Haupteingang sind die vernichtenden Buchstaben, Worte, Peitschenhiebe zu lesen, für alle Schondorfer sichtbar, die ihren gewohnten Sitzbänken entgegenströmen mit den Gesangsbüchern unter den Armen, zu lesen für alle Männer, Frauen, Bauern und Handwerker des Dorfes. Die wenigen Schondorfer, die durch den Seiteneingang hindurchzugehen pflegen, sind hierbei durchaus, wie es heißen würde, eine vernachlässigbare Größe, handelte es sich doch um die Kinder und Schüler bis zur 8. Klasse, naturgemäß auch um die komplette dritte Klasse, die noch vor wenigen Wochen ihre Erstkommunion gefeiert hat. Also folgendes ist nun beim Hauteingang zu lesen, unübersehbar, selbst für die Augen der ergrauten Senioren, unvermeidlich sich in die Köpfe, Gedanken, Mutmaßungen aller Kirchgänger einbohrend, ausnahmslos und gnadenlos und bedenkenlos, jener furchtbare Reim, unaufhaltsam zerstörerisch:

DER GUTE ALFRED KUMMER
IST EIN VERWIRRTER DUMMER
IHM IST DIE MARIA ERSCHIENEN
WIE KÖNNTE ER DIES VERDIENEN?

Noch niemals hat in Schondorf ein Hochamt zur Unzeit beginnen müssen, unpünktlich also, dass der Pfarrer mit seiner Ministrantenschar von einem aufgeregten Küster zurückgehalten werden musste, weil sich draußen, hinten an der Kirche, etwas ereignet hat, so dass die Menschen nicht oder noch nicht würden hereinkommen können, und er, der Pfarrer müsste warten auf seine durcheinandergewirbelte Schar, und er müsste hinausgehen, im Ornat, und die Messe jedoch könnte er noch nicht beginnen, weil sich alle *draußen* versammelt hätten wie vor einem neuen, unbekannten Altar. Nein, noch niemals ist dies vorgekommen in Schondorf, was an diesem Maientag im Jahre 1983 passiert.

Der Küster Goldschmied hat, nachdem Berninger angekleidet ist und er die Kohlen für den Weihrauch parat gemacht hat, ein paar Mal etwas nervös aus der Sakristei hinausgelugt und sich gewundert, weshalb so wenig Leute in den Bänken sitzen. Um Viertel vor zehn ist es noch fast leer, nur ein paar alte Weiblein sitzen ganz hinten unter der Empore beim Rosenkranzmurmeln. Und die Kinder der Kommunionklasse tuscheln aufgeregt miteinander, weil sie auf ihre Eltern und die Verwandten warten, und noch immer alleine in ihrer Bank sitzen. Auch um zehn vor zehn sind die Reihen noch längst nicht halb gefüllt, was an für sich schon sehr ungewöhnlich ist, zumal vom Kirchplatz aus bis in die Sakristei hinein eine gewisse Unruhe zu hören ist, ein sanftes Pulsieren einer ansonsten ruhig eintretenden Menge. Und kurz vor zehn, der Oberministrant hat bereits das Weihrauchfass in Beschlag genommen für den huldvollen Einzug in den Altarraum, kommt der Egers Toni aufgeregt die Treppen zur Sakristei hoch gestürmt und berichtet in wenigen Worten von den Schmierereien an der hinteren Kirchwand, welche zu großer Unruhe geführt haben unter den Schondorfern, und einige würden bereits sagen, man könne doch nicht einfach mit dem Hochamt beginnen, als ob nichts geschehen sei, und das mit dem Alfred Kummer sei doch unglaublich, und weshalb habe man noch nie etwas davon gehört, und weshalb stünde überhaupt etwas von Verwirrung auf der Kirchmauer, dies sei doch skandalös, auch wenn der Alfred schon immer ein Seltsamer gewesen sei, und man frage sich, so Toni fast in einem Atemzug, ob da etwas dran sei, ob es möglich sei, dass es eine Marienerscheinung gegeben habe, hier, mitten unter uns in Schondorf? Und vor allem weshalb man dies erst jetzt erfahre, weshalb dieses große Wunder so lange verschwiegen worden wäre, und von wem?

Pfarrer Berninger geht natürlich in vollem Ornat hinaus zum Kirchplatz, ohne sich die Zeit zu nehmen, sein Gewand auszuziehen, nur dem Küster gibt er noch schnell die Anweisung, das Geläut vorerst abzustellen und auf weitere Instruktionen zu warten. Und während seine Ministranten verdutzt in der Sakristei stehen bleiben, trifft er, Pfarrer Berninger, hinter dem Portal alle Herumstehenden, die debattieren, stumm an die Kirchenmauer blicken, unruhig hin und her gehen, zum Himmel sehen, fragend in den Kirchenraum blicken oder einfach untätig herumstehen, um die Szenerie zu betrachten. Und nicht glauben können, was da geschehen sein sollte, mitten unter ihnen, ein Wunder und ein Schweigen darüber.

In diesem Augenblick kommt auch Alfred Kummer daher, es ist zwei Minuten vor zehn, er kommt nicht allein, weil auch die Jocks Anna ziemlich spät dran ist und der Vinz läuft wie immer leicht gedrückt und den Blick nach unten gesenkt mit etwas rotem Kopf neben ihm her. Sie sehen die Schondorfer hinter der Kirche stehen, nichts ahnend ihre Schritte weder beschleunigend noch verlangsamend, weil sie noch an nichts Besonderes denken. Das Geläute ist soeben verstummt und die letzten Herankommenden sind erleichtert, dass sie doch nicht zu spät zum Hochamt erscheinen werden.

Als nun Alfred auf den Kirchplatz einbiegt, kann er seine Überraschung, ja seine Irritation nicht mehr verbergen. Der Gebhard Pfister steht da, und der Bürgermeister Hofbauer, die beiden Heiligen sind auch beisammen, der Wegnerclan ist ebenso anwesend wie die Müllerbrüder mit ihren Schwagern und Schwägerinnen. Auch der Kroners Paul mit seiner Familie blickte auf Alfred, so wie viele andere in diesem Augenblick namenlose Gesichter von Schondorf. Auf Alfred, den vermeintlichen Seher. Auf den Sonderling, Urheber eines unglaublichen Wunders. Auf den Außenseiter, Quelle des Geredes und der Gerüchte.

Und dann geht alles sehr schnell, wenige Sekunden sind es nur, ja kaum noch wahrnehmbare Bruchteile von einer Zeitspanne, in welcher noch ein Nachdenken, vielleicht sogar ein Umkehren möglich gewesen wäre, um sich zu schützen vor den kommenden Sekunden, von denen er, Alfred, in diesem Augenblick allenfalls schon eine tiefe Vorahnung hat, ein Anflug von bedrohlichem Morgenrot am verhangenen Himmel, welches Unheil verkündet, Sturm und Gewitter. Es geht alles sehr schnell und ist nahezu unvermeidlich, weil er das Fatum an der Kirchenmauer, diese vernichtende Schmiererei noch nicht gelesen hat, weil er somit die fragenden, spottenden, gaffenden und die wegschauenden Blicke noch nicht deuten und verstehen kann. Niemand warnt ihn in diesem Augenblick, niemand aus der Menge will ihm die folgende Sekunde ersparen, es ist unvermeidlich, *schondorferisch* also, scheinheilig, wie man später sagen wird, unverantwortlich zumal, wie es dann heißen wird, den armen Alfred Kummer so auflaufen zu lassen, vor dem Hochamt, vor den Augen seiner Schondorfer Mitbürger, als auch er, fast als Letzter, zusammen mit seinem treuen Nachbarn Vinz und der alten Jocks Anna, die Schmierereien an der Kirchwand lesen muss:

DER GUTE ALFRED KUMMER
IST EIN VERWIRRTER DUMMER
IHM IST DIE MARIA ERSCHIENEN
WIE KÖNNTE ER DIES VERDIENEN?

*

Es ist still in meinen Ohren. Das Gebraus ist zu Ende, der Sturm besiegt. Alles schweigt. Ich sehe die stummen Gesichter, das lautlose Gelächter. Der Pranger tut nicht mehr weh, der Henker wird sanftmütig. Nebukadnezar ergibt sich, der große Herrscher verneigt sich vor dem Propheten Daniel, vor der Schrift an der Wand, vor dem Geheiß Gottes. Ich gehe durch die Menge hindurch, lasse mich nicht aufhalten von den fragenden Blicken, gebe keine Antwort auf die offenen Münder. Die Schrift an der Wand löst sich langsam in ihre Bestandteile auf, einzelne Buchstaben verrinnen, wie Blutstropfen fallen sie auf die Erde, hinterlassen Lücken und Sinnlosigkeit; nichts mehr ist lesbar ohne Zusammenhänge, nichts mehr ist begreifbar ohne verstehende Gedanken. Die Schrift an der Wand verliert an Deutlichkeit, sie verliert ihren Reichtum, die Anklage erfindet sich nicht mehr neu, ich sehe sie fallen, vergehen, untertauchen in ein Meer des Vergessens. Als hätte plötzlich jemand mit der stärksten Deckfarbe darüber gemalt, um alles zu verbergen, jedes Wort, jeden Atemzug dessen, der geschrieben hatte, gewütet, gegen mich, gegen mein Leben. Die Schrift verschwindet und ich verschwinde, die Schrift verblasst und ich möchte verblassen, vergessen werden von denen, die staunend gaffen und so hämisch grinsen.

Es ist still in meinen Ohren. Ich kann die Zeit anhalten. Die Sekunde ist lang, länger noch als alles vorher Gewesene, länger noch als Kindheitstage, an denen die Arbeit auf dem Feld, das Einsammeln der Steine in Körbe, 50 Pfennig pro

Korb, nicht enden wollte, länger noch als Kindheitsnächte, in denen die bösen Träume nicht vergingen und der Morgen nicht kommen wollte. Die Sekunde ist lang, der Augenblick der Aufmerksamkeit vor der Schrift an der Wand, als würden die Gehirnströme in Zeitlupe von einem Nerv zum anderen wandern, erzählend von der Schande da draußen, als würde sich jeder Buchstabe einzeln in mich einbrennen, fast behutsam und ohne Flüchtigkeit.

Und wenn ich mich jetzt langsam umdrehe, weil alle Blutstropfen auf die Erde geflossen sind, lasse ich eine weiße Wand zurück, blendendes Nichts, Vergessen aller Spuren. Ich hinterlasse nichts, keine Meinung, kein Erlebnis, keine Anekdote. Ich nehme nichts mit, keine Erinnerung, keine Sehnsucht, keine Hoffnung. Ich gehe und drehe mich um, ich drehe mich um und fliege fort, ich fliege fort und schaue niemals zurück. Ich gehe und schaue niemals zurück auf das Nichts, das ich nun hinter mir habe. Die Buchstaben verschwinden, die Gesichter verschwinden. Der Augenblick wird immer länger, der, der die Zeit angehalten hat, ist eingeschlafen, weiß nicht mehr, dass nichts mehr geht und wandert. Es gibt keine Entwicklung mehr, also auch kein Fortschreiten. Nur ich gehe fort von diesem Ort, welcher mich so demütigt. Die Gesichter verschwinden und damit auch ihre Aufmerksamkeit für den Augenblick, für mich, für das Verblassen der Schrift, für meinen Weggang. Die Gesichter verschwinden und nehmen das Vergessen mit in das Nichts, aus dem sie einmal gekommen waren.

Alles verschwindet in einem Sog, der von dem Nichts ausgeht, von der Leere um mich herum, in mir, auf der Wand hinter mir, weiß geworden wieder wie die Unschuld, die nicht mehr an ihr Opfer denkt. Ich bin fremd hier und habe hier nichts mehr zu suchen. Ich lasse alles zurück und schreite durch meinen Schmerz hindurch. Die Schrift ist verblasst, die Erinnerung an die Erscheinung ebenso. Was weiß wird und seine Konturen verliert, ist nicht mehr lesbar, nicht mehr spürbar. Ich möchte auch verblassen, zu Boden fallen, mit meinen einzelnen Buchstaben, mit meinen Gliedern und dem Herzklopfen und dem Schwitzen und dem stechenden Kopfschmerz.

Ich werde weggehen von diesem Platz mit den starrenden Gesichtern. Ich werde schweigen zu den Spuren, die noch nicht ganz verwischt sind, zu der weißen Deckfarbe, die noch immer ahnen lässt, was sie zu verbergen hatte. Ich werde nicht mehr denken oder meine Fühler ausstrecken, damit sie vom Getrampel der Soldaten und Nachbarn nicht mehr verletzt werden. Ich werde dem Geläute der Glocken entrinnen und ihnen mein Schweigen entgegenhalten. Sie läuten ins Nichts hinaus und werden keinen Widerhall mehr finden und kein Laut wird sie weiter tragen, und Glocken, die ungehört bleiben, sind genauso sinnlos wie die Buchstaben an der Wand, die zu Boden tropfen. Das Gedröhne der Glocken wird mir nichts mehr anhaben, und die, die auf sie hören, werden taub werden, weil der Lärm bedrohlich wird, wenn er ohne Ende und ohne An-

fang ist. Nebukadnezar wird einmal sterben, das ist so, und ich kann dies nicht ändern, und die Schrift an der Wand wird irgendwann einmal ohne Leser sein, weil es den, für den sie geschrieben wurde, nicht mehr gibt...

XXVI. Benediktus (Endzeit)

21.5.1983

Liebe Thea

Das Leben ist voller Geheimnisse. Es gibt Parallelen von Zuständen, Zeitpunkten, Geschehnissen. Es gibt offenbar Zusammenhänge, denen wir nicht entrinnen können.

Karl und Josef sind schon so lange tot, erst vor kurzem wieder, am 8. Mai., haben sie im Radio gesagt, in zwei Jahren wollen sie einen Gedenktag halten für das Kriegsende vor 40 Jahren. Und das Wort von der Kapitulation machte die Runde. Alle haben damals darauf gewartet, wir im Rübenkeller auch. Das habe ich dir ja schon oft erzählt. Und selbst mein Vater Emil hatte damals Erleichterung gezeigt, als der ganze Spuk vorbei war, hatte ja auch mit zwei Söhnen teuer bezahlen müssen für seine anfängliche Begeiste-

rung. Na ja, mich hatte er noch, und du weißt, das hatte er nicht gewollt, nicht so.

Karl und Josef hätten nie kapituliert, glaube ich. Sie waren stark und hätten vieles ertragen, was ich nun nicht mehr ertragen will. Kapitulation, sagten sie, von der Wehrmacht, die nicht mehr mächtig war, sondern aufgerieben zwischen der West- und der Ostflanke. So wie ich aufgerieben bin zwischen zwei Fronten, kapitulierend auch; wie damals, als nichts mehr ging, geht auch jetzt nichts mehr. Damals haben Karl und Josef verloren, heute bin ich dran. Nichts Ehrenhaftes mehr, so wie damals, wie sie sagten, wie Emil immer sagte, es sei eine ehrenhafte Kapitulation gewesen, vom Keitel und den anderen Übriggebliebenen. Ich sei nicht zum Helden geboren, sagte mir Emil immer wieder, und irgendwann einmal habe ich dies auch geglaubt. Emil war's auch nicht, und mein Großvater auch nicht. Würde sie gerne fragen, was sie an meiner Stelle tun würden. Sich still schämen? Davonlaufen? Kapitulieren in Schondorf?

Habe neulich von Karl geträumt. Er ist plötzlich auf irgendeinem Fest aufgetaucht und alle haben sich nach ihm umgesehen. Er hat sein rechtes Auge verbunden und geht am Krückstock. Aber er geht sehr schnell, mit einer lächelnden Leichtigkeit, so als wären die Spuren an seinem Körper nur Requisiten eines Schauspielers. Aber er schauspielert nicht, denn er hat wirklich eine Prothese dran; alle sehen es, als er sein Hosenbein hochkrempelt. In diesem

Augenblick hört auch die Musik auf zu spielen, und alle klatschen, und man weiß nicht, ob der Beifall dem letzten Stück – ich glaube, es waren die Capri Fischer – oder meinem Bruder gilt. Und ich berühre voller Stolz sein hölzernes Ersatzbein und befühle die Kälte dieser Künstlichkeit. Daraufhin erheben sich alle und schwenken ihre Gläser und stoßen auf Karl an, und es entsteht ein Gedränge um ihn, so dass ich fast von ihm weggedrückt werde. Und dann stolpert jemand mit seinem Rotweinglas über sein Holzbein und verschüttet alles, der Wein fließt über seine Ärmel auf den Boden und einige Tropfen bleiben auch am Holz hängen und es sieht aus wie Blut, das von seinem Gestänge tropft. Wie der leidende Christus, sagt jemand aus der Menge, doch über diesen spöttischen Zwischenruf erhebt sich sofort lautstarker Protest und sie setzen Karl auf einen Thron. Und dann postiert sich der Bürgermeister Hofbauer zu seiner Linken und der Egers Toni zu seinen Rechten – und die beiden spielen Lakaien für den Karl, indem sie die Bewunderer verscheuchen und zu ihm hingebungsvoll aufsehen, während sie für mich nur verächtliche Blicke übrig haben. Ja, ich werde weggedrückt von meinem Bruder, der jetzt da oben sitzt, während ihm der Rotwein vom Holzbein tropft. Die beiden Lakaien haben dieses Missgeschick offensichtlich nicht bemerkt, denn es tropft noch immer, unaufhörlich, als ich die Szene verlassen möchte, und plötzlich scheint Karls Holzbein immer mehr zu schmelzen und kleiner zu werden. Ja mir ist, als löse sich mein Bruder langsam in unsichtbare Konturen auf, unbemerkt von der Menge, von den beiden Lakaien, von der Musikkapelle, die noch immer verstummt ist und der ganzen Szenerie eine gespenstische Stille verleiht.

Und plötzlich ist Karl ganz verschwunden, und auch sein leerer Thronstuhl scheint sich mehr und mehr zu verflüssigen, bis ich langsam aufwache. Und ziemlich verwirrt bin...

Ich war schweißgebadet, Thea, vielleicht hatte ich auch Karl *geschrien. Ich weiß ja noch, damals, 1945, hatte ich mir immer gewünscht, er könnte plötzlich eines Tages wieder aus Helmstadt herauf laufen zu uns in die Hauptstraße und mit seinem fröhlichen Gesicht und dem Stab in der Hand an der Stube klopfen, so als wäre nichts gewesen. Und manchmal, Thea, stellte ich mir das bildlich vor, minuten-, ja vielleicht gar stundenlang, wenn ich vor dem Türstock gesessen hatte, weil es für die Schule noch zu früh war, dass er jetzt kommen und mich in seine Arme drücken würde, mein großer gefallener Bruder, dessen Leiche nie gefunden wurde und dessen Todesstunde selbst in dem schwarzen Wehrmachtbrief nicht genau erwähnt worden war.*

Jetzt ist mir die Muttergottes erschienen, und ich finde keinen Trost dabei. Nein, im Gegenteil – nur Belastung und Zweifel. Hätte mir gewünscht, statt ihrer wäre mir Karl erschienen und hätte mir noch einmal erzählen können, wann und wie er gestorben war. Meinen Fragen damals sind ja Brigitte und Emil immer ausgewichen, das sei nichts für mich, haben sie gesagt, und ich hatte doch gewusst, innerlich, meine ich, dass ich ein Recht darauf hätte zu erfahren, wie meine Brüder ihr Leben verloren haben. Immer dieses Schweigen darüber, aber auch über den Unfall von Vater hat man ja immer nur geschwiegen. Immer wurde geschwiegen bei uns, Thea, und das viele Schweigen machte fast krank. So viele Vermutungen, so viele unausgesprochene Fantasien, so viele Ängste, das Schweigen könnte sich rächen und einmal wiederkommen, damit es endlich gebrochen werde.

Und ich stelle mir immer vor, es müsste etwas Schreckliches passieren, damit das Schweigen in unserer Familie aufhören würde, damit ein jeder sehen könnte, was eigentlich nicht mehr zu übersehen ist. Vielleicht habe ich bei dir, liebe Thea, auch zu viel geschwiegen, hätte mehr mit dir reden sollen. Dass ich dich lieb hatte und dennoch Angst verspürte, du könntest mir zu nahe treten, mir und meinem Rübenkeller, in den ich mich seit dem Angriff damals immer wieder verkrochen hatte. Ich hätte doch nichts zu verlieren gehabt bei dir, im Gegenteil...

Ich habe nun genug geschrieben, nach so vielen Jahren des Schweigens. Vielleicht hat mich das Gerede in Schondorf so gekränkt, dass ich den Spruch an der Kirchmauer wie einen Urteilsspruch aufgefasst habe, wie ein Verdikt, dass sich gegen meinen Lebenswillen gerichtet hat, um ihn zu brechen, so wie ich nun mein Schweigen gebrochen habe. Die Maria dort oben hat ja auch geschwiegen, so wie Karl im Traum, so wie Emil damals im Rübenkeller. Sie hat geschwiegen und mich irgendwie zum Narren gehalten. Vielleicht haben die Schondorfer ja sogar Recht, wenn sie mich auch zum Narren machen. Ein Narr, der sieht, was nicht da ist, der denkt, was undenkbar ist, der sich erhofft, was unerfüllbar scheint...

*

Dr. Kästner macht sich große Sorgen um Alfred Kummer. Vor zwei Tagen ist er nochmals in seiner Sprechstunde gewesen, mit dem Schlaf sei es immer schlimmer geworden, hat Alfred geklagt, keine Nacht könne er mehr als zwei Stunden durchschlafen, um dann wieder, meist nass vor Schweiß, grübelnd im Bett zu liegen und den nächsten Schlaf und vor allem den nächsten Morgen herbeizusehnen. Und auch sein Blutdruck ist abnorm hoch gewesen, und Dr. Kästner hat nun selber größte Zweifel, ob die Beruhigungstabletten, für dieses Mal in größter Menge verschrieben, dem eigentlichen Problem gerecht werden können.

Er hat einige Schriften über Marienerscheinungen vor sich ausgebreitet, welche ihm sein alter Studienkollege Heinz Wiederkehr dankenswerterweise für seine privaten Studien überlassen hat. Natürlich möchte Kästner keine neue Arbeit mehr schreiben, und erst recht nicht über ein solches Thema. Aber Alfred ist nun einmal der bisher einzige und daher auch faszinierendste Patient, der von sich aus gutem Grund behauptet, ihm sei eine Marienerscheinung widerfahren. Kästner kann sich also zur späten Stunde an diesem frühsommerlichen und doch schon sehr heißen und gewittrigen Tag in Schondorf ein besseres Bild machen von den Erscheinungen.

Die Geschichte des Abendlandes, so liest er, sei durch keine andere Frauengestalt so stark geprägt worden wie durch Maria. Unzählige Kirchen und Kathedralen dieser Erde trügen ihren Namen, unzählige Menschen hätten, nach ihren eigenen Schilderungen, Maria als gnädige Helferin erfahren. Unzählige Soldaten hätten vor ihren sinnlosen Schlachten Maria angerufen, um unter ihrem *Schutz und Schirm* zu überleben (oder doch elendig zu fallen). Ja, er liest sogar an einer Stelle den pathetischen Satz: *Wer zählt die Kreissenden, die mit Gebeten zu Maria auf den Lippen glücklich entbanden – oder verbluteten?* Unzählige Pilger in Montserrat, Altötting, Einsiedeln, Lourdes und, neuerdings auch in Medjugorje, so steht es im Bericht *Wunder über Wunder* in einer Beilage zur Wochenzeitung, würden an die vielen Wunder, die im Namen Marias geschehen, glauben, und dies sei zumindest eine psychische Realität zu nennen. In den letzten Jahrzehnten hätten sich an Guadeloupe, Lourdes, La Salette und Fatima zahlreiche Orte gereiht, in denen Maria ebenfalls erschienen sei. Und immer, dies sei das Bedenkenswerte oder – je nach eigenem Standpunkt – das Bedenkliche: immer habe sie Kinder ausgewählt für ihre Erscheinungen! Die Schriften, die Kästner gelesen hat, wollen nicht beurteilen, ob Maria objektiv erschienen sei (für die sehende Bernadette Soubirous in Lourdes *war* sie es und für die jugendlichen Seher in Medjugorje ebenfalls). Vielmehr kommentieren sie die mögliche Sichtweise von Psychologen, die hinter den Erscheinungen an Projektionsmechanismen denken würden und damit unterstellen, Maria habe genau das gesagt, was die Sehenden selber sagen wollten. In manchen Artikeln gerade zu Medjugorje wird aber sogar von kirchenfernen Journalisten konzediert, Marienerscheinungen könnten das Erleben und Verhalten massiv verändern, die Frömmigkeit bereichern und vereinzelt sogar selbst physisch und psychisch heilen. Sie könnten jedoch auch, so der Tenor, infantilisieren.

In der Tat, so entnimmt es Kästner einer theologischen Fachzeitschrift, begegne an vielen Erscheinungsorten eine kindliche Frömmigkeit, weil die Mutter Gottes ihre Seher, auch wenn sie Erwachsene seien, stets mit *Meine Kinder* ansprechen und bedingungslosen Gehorsam fordern würde. So habe sie einmal in San Martino di Schio gesagt: „*Meine Kinder, ich bitte euch, demütig zu sein. Wenn ihr betet, sollt ihr wie die Kinder sein. Vernichtet in euch jeden Stolz, vernichtet euer eigenes Ich, dann wird euer Gebet wirksam sein, und Gott wird euch erhören und euch groß machen. Ich will euch führen, meine Kinder.*“

Und immer, so ist in einem kritischen Lexikon zu lesen, hätte es ein *Do, ut des-Prinzip* gegeben. Die Seher hätten etwas leisten müssen, bis Maria ihre Barmherzigkeit zeigen konnte. Also blutige Knie für eine Gebetserhörung, asketisches Fasten für eine weitere Erscheinung, unaufhörliche Rosenkränze für eine Fürbitte beim zürnenden Gott. Dr. Kästner vertieft sich nochmals in seine Erinnerungen an die Gespräche mit seinem Patienten, an dessen Kindheitstraumata, wie er fachmännisch denkt, an Alfreds Erlebnisse im Krieg, an seine unselige Verstrickung in das alte Familiengeheimnis zwischen Müllers und Kummers...

*

Hochwürdigster Herr Dr. Schumann hat soeben das Domkapitel zu sich eingeladen, um sein zehnjähriges Bischofsjubiläum zu feiern, nachdem am Vormittag bereits der Empfang bei der Bezirksregierung gewesen ist und sich dann, zu einem festlichen Dinner in der Steinburg, der Gratulationsparcours durch die Vertreter der politischen Parteien und Gewerbeverbände im Bezirk fortgesetzt hat, während nun, nach dem festlichen Domgottesdienst, zu dem die Domsingknaben (in aller Bescheidenheit) Mozarts Krönungsmesse zum Besten gegeben haben, sozusagen der innere Kreis mit ihrem Chef feiert. Die *Causa Alfred* ist natürlich nicht vergessen, sehr gut und bis in alle Einzelheiten ist das Gespräch mit dem kleinen Dorfpfarrer von Schondorf vor wenigen Tagen in ihm noch lebendig. Heute jedoch müssen *solche Dinge* für einmal vergessen sein, die Ereignisse in Schondorf (wenn sie denn überhaupt wahr wären) müssten vor dem besonderen Tag in Würzburg zurückstecken, so denkt Schumann, als ihm der Kunstreferent eine Madonnenimitation von Riemenschneider und einen *Randesackerer Ewig Leben*, handsigniert durch die Mitarbeiter seines Sekretariats, überreicht, ja heute müsste es mal friedlich zugehen! Schon immer hat er seinen Kollegen in Bamberg nicht beneidet um die Ereignisse damals in Heroldsbach, die jener, als junger Alumne im Seminar, noch *hautnah* miterleben konnte und mit denen er sich noch heute, so erschaudert Schumann innerlich, herumschlagen müsse, weil es Aufruhr und Hetzkampagnen gegeben habe in dessen sonst so vorbildlicher Erzdiözese, und weil er, Schumann, solche Spaltereien in seinem Umfeld nicht ertragen hätte, weil ja auch sein Herz längst nicht mehr so sicher und unbeirrbar schlägt wie noch vor zehn oder zwanzig Jahren, als seine Fettleibigkeit sich bei der früheren Köchin, dem leider all zu früh verstorbenen Fräulein Hofmann, noch in Grenzen zu halten vermochte.

Als der Kunstreferent seine schlagkräftige und von fränkischem Humor geprägte Laudatio auf den Hochwürdigsten Herrn beendet hat, stürzt man sich auf die bereitgestellten Buffetberge von Fleisch, Fisch und Gemüseleckereien, nicht freilich, bevor auch zu diesem feierlichen Anlass, an dem sonst letzte klerikale Hemmungen fallen gelassen werden (der Seelsorgehauptabteilungsleiter konnte gar während der Rede des Kunstreferenten ein zweimaliges lautes Rülpsen nicht unterdrücken, und sein Kollege von der Kirchenmusik hatte bereits einmal sein Weinglas fallen lassen), der Chef der illustren Runde seinen lateinischen Segen gesprochen und den gütigen Vater im Himmel lobpreist hat.

*

Bürgermeister Hofbauer versucht verzweifelt, seinen stetigen Kopfschmerzen aus dem Weg zu gehen, indem er immerfort seine Schläfen massiert und sich in den letzten Wochen jeden zweiten Abend ein Entspannungsbad mit Eukalyptusöl gegönnt hat. Er versucht sich auf seine Arbeit in der Raiffeisenbank zu konzentrieren und naturgemäß auf seine Pflichten als Bürgermeister von Schondorf, was ihm jedoch nur noch mäßig gelingt, da er, wie nicht nur seine Frau und der Egers Toni bemerkten, in letzter Zeit stets etwas nervös gewesen ist. Auch bei ihm kommen viele Erinnerungen hoch, wenn er die *Causa Alfred* betrachtet, was nun nicht nur täglich, sondern nahezu stündlich geschieht und kaum noch zu verhindern ist. Inzwischen glaubt er manchmal, ihm selber sei die Muttergottes erschienen, so sehr fühlt er sich von den (angeblichen?) Ereignissen des letzten Sommers gepeinigt. Man hat viel gehört über Alfred, und dass er schon in der Irrenanstalt gewesen sei, das pfeifen ja mittlerweile bereits die Spatzen von den Dächern. Überall in Schondorf wird von ihm geredet, ja es scheint nur noch dieses eine Thema zu geben! Ihm wird angst und bange, denkt er an die Besucherströme im kleinen Heroldsbach und an die vielen schlaflosen Nächte des dortigen Bürgermeisters, der sich aufgrund seines Unglaubens wüsten Verunglimpfungen im Städtchen ausgesetzt sah, wie er von seiner Tante weiß, die sich damals in einem kleinen Dorf in der Nähe auf einem Bauernhof als Magd verdient hatte. Dieses hatte ihm die Tante einmal erzählt in den späten fünfziger Jahren, aber eigenartigerweise kommen ihm jetzt die Schilderungen der längst verstorbenen Tante über den wohl ebenfalls schon längst verstorbenen Bürgermeister von Heroldsbach (Burgsenner hieß er?) in den Sinn.

Und ebenfalls liegt ihm das Pfarreijubiläum von Schondorf im Magen, zu dem sich ja wohl oder übel hoher, nein allerhöchster Besuch aus Würzburg ankündigen werde, und vielleicht würde man ihm, dem kleinen Bürgermeisterlein, unangenehme Fragen stellen, wo er doch selber an die Muttergottes glaubt und das Andenken an seine selige Mutter stets fromm bewahrt hat, wie sich dies für einen Ortsvorsteher aus der CSU wohl auch gehört. Am liebsten würde er, Hofbauer, weit wegfahren, für einige, nein für viele Wochen, in der unsinnigen Hoffnung, alles könnte sich im Laufe der Zeit in Luft auflösen, sich sozusagen von selber aus der Welt schaffen, und der Alfred könne sich vielleicht plötzlich nicht mehr so genau erinnern, oder Dr. Kästner könne Recht haben mit seinen Doppelgängern (*Hautakopen*, so ähnlich war ihm der Fachbegriff noch in Erinnerung) und den natürlichen Erklärungen dieser himmlischen Phänomene.

*

Ansgar Müller hat nicht nur die Fensterscheiben seines Schweinestalles neu verglasen, sondern dazu auch noch den Malermeister von Gochsheim zu sich kommen lassen, weil er gleich die gesamte Fassade renoviert haben wollte, wenn er schon so viel Geld für solche Schurkereien bezahlen müsse, wie er im Ochsen bierselig von sich gibt, wo doch die Versicherung sowieso nicht zahlen würde bei den Bauern, die seien ja immer die Dummen (wobei der Kroners Paul unabsichtlich mit seinem Kopf nickt). Wie immer ist er an diesem 3. Juni 1983, dem 53. Todestag seines Bruders Roland, am Familiengrab gewesen, um eine neue Kerze aufzustellen, nicht ohne freilich einen heimlichen Seitenblick auf das nicht weit davon entfernte Kummer'sche Familiengrab zu werfen und sich mit innerlicher Befriedigung davon überzeugen zu können, dass der Alfred das Andenken an seinen bösen Vater Emil auch nicht mehr hochgehalten hat in den letzten Monaten, so verwahrlost und vertrocknet sind die letzten traurigen Blumen vor dem Grabstein. Ansgar Müller hadert jedoch noch immer, trotz kleiner willkommener

Ablenkungen beim Ochsen, mit seinem Schicksal, mit seiner Geschichte. Und er denkt an das Mädchen von damals. Und an seine Hasenscharte.

*

Die Reinigungsfrau Anneliese darf in der psychiatrischen Universitätsklinik ein kleines Jubiläum feiern. Sie wird für ihre fünfzehnjährige Betriebszugehörigkeit vom Verwaltungsdirektor mit einem großzügigen Scheck sowie einer Woche Sonderurlaub belohnt. Allein sechs Jahre war sie nun schon auf der E 8 tätig. Im Laufe ihrer Putzdienste hat sie wohl einigen hunderten Patienten die Waschbecken gereinigt und die Betten gemacht. An alle Patienten auf E8 kann sie sich freilich nicht mehr erinnern.

*

Pfarrer Berninger hat sich fest vorgenommen, den geplagten Alfred einmal zu besuchen, dieses Vorhaben jedoch in den letzten Tagen immer wieder vor sich her geschoben. Einmal kommt die Beerdigung von der Wegners Helene in die Quere, ein andermal wird er zu einem Versehgang im Aussiedlerhof gerufen, und beim dritten Anlauf fühlt er sich sehr geschwächt, weil er am Vorabend zu viel gebechert hat nach der letzten Bittprozession von Schondorf nach Holzhausen und zurück. Er spürt in sich eine eigenartige Gehemmtheit, wenn er an den

Alfred denkt, viel geredet hat er in seinen vielen Jahren in Schondorf mit diesem Einzelgänger noch nie, und er fühlt sich auch nicht besonders in die Pflicht genommen für dessen Seelenheil, wo er doch, für die Schondorfer Männerwelt mit erstaunlicher Regelmäßigkeit, in die Kirche kommt und niemals, wie die anderen, während der Messe draußen auf der Empore-Treppe herumsteht, sondern, so glaubt Berninger zumindest, andächtig seinen Worten lauscht und die Kommunion empfängt. Und da Alfred kinderlos geblieben und auch keine Ratschläge für das Gelingen einer Ehe und eines christlichen Familienlebens angesagt sind, gilt er für den Hirten sozusagen nur als ein Randfigurenschaf, welches nicht allzu viel Aufmerksamkeit nötig hat, da es sich nie allzu weit von der Herde entfernen werde, wie es doch dessen fromme Mutter Brigitte sicherlich ihrem Sohn eingepflanzt hat.

Und irgendwie denkt Berninger auch an das Aussitzen der ganzen Angelegenheit – noch ist die Kunde über die Ereignisse des letzten Sommers ja offensichtlich nicht über die Pfarreigrenzen hinausgelangt, was im Grunde genommen alleine schon einem großen Wunder gleichkommt und nicht zu erwarten war. Man muss dies auf jeden Fall so annehmen, denn sonst würde zumindest im Königshofer Landboten etwas darüber stehen. Auch das Helmstadter Tagblatt hätte seinen Kommentar längst abgegeben. Und solange sogar Dr. Schumann keine besonderen Interventionen für nötig hält, kann an seinem doch insgesamt recht beschaulichen dörflichen Pfarrerleben selbst die Vision eines Alfred Kummer nichts ändern, wie er inbrünstig hofft.

*

Der alte Vinz hat am Samstag seine Straße gekehrt und sich dann beim Ochsenmetzger ein Pfund Fleischwurst geholt, wobei er dem aus der Raiffeisenstraße entgegenkommenden Gebhard Müller diskret aus dem Weg gegangen ist, indem er rechtzeitig die Seite wechselt. Seinen Nachbarn Alfred hat er schon einige Tage nicht gesehen.

*

Dr. Weidmann hat sich inzwischen mit seiner bahnbrechenden Arbeit über religiöse Zwangsvorstellungen in der Universitätsklinik habilitieren können, wobei die protokollarischen Aufzeichnungen über die ausführlichen Gespräche mit seinem besonderen Patienten aus dem letzten Winter dem Opus Magnum die wissenschaftliche Stringenz, sozusagen den letzten akademischen Schliff, verliehen haben. Da notwendigerweise biographische Daten, Namen und Orte verfremdet sein müssen, ist nicht davon auszugehen, dass irgendwann einmal ein Schondorfer Bürger, geschweige denn Alfred Kummer selbst, von diesem Werk Kenntnis nehmen wird. Als

Thema seiner Antrittsvorlesung im Kollegenkreis wählt er: „*Kindliche Religiosität und Marienfrömmigkeit in den so genannten Erscheinungen von Heroldsbach und Medjugorje – eine psychiatrische Fallstudie.*“

*

Petrus Canisius hat sich beim Mistaufladen die Gabel in den Fuß gestochen. Wegen des hohen Blutverlustes und der drohenden Infektionsgefahr wird er mit dem Krankenwagen nach Helmstadt chauffiert und muss im dortigen Kreiskrankenhaus verarztet werden. Schon am zweiten Tag seines unfreiwilligen Aufenthaltes wird er von einer Abordnung der freiwilligen Feuerwehr besucht, die ihm einen in Munzinghausen illegal gebrannten Kirschschnaps überreicht. Über die Ereignisse um Alfred wird nicht gesprochen.

*

Toni Eger will sich nun von seiner *Flamme* in Holzhausen wieder trennen, nachdem er eine Ehescheidung (und damit ein jähes Ende seiner bescheidenen kommunalen Politikerkarriere) nicht riskieren möchte. Dies macht nach der Gemeinderatssitzung vom 6. Juni die Runde, freilich erst nachdem sich Hofbauers Stellvertreter für seine Verhältnisse überraschend früh auf den Heimweg gemacht hat. Er fühle sich nicht wohl, hat er während der Sitzung geklagt und dazu ein leidendes Gesicht aufgesetzt.

*

Der alte Postbot hat die ehrenwerten Dienste nun vollends seiner Tochter übertragen, weil seine Beine nicht mehr so recht wollen und er im letzten harten Winter doch sehr unter der frühen Tageskälte zu leiden gehabt hat. Mit seinen 81 Jahren ist es aber auch langsam Zeit gewesen, obwohl er, wie es geheißen hat, in seinem Kopf noch sehr wach und rüstig sei. (Er war ja auch im relativ hohen Alter noch Vater geworden damals, und das galt doch als Erweis für seine besondere Manneskraft). Seine Neugierde, so munkelt man, halte ihn eben am Leben. Und man lacht großzügig darüber, wenn von ihm die Rede ist.

*

Der Kirchenchor hat am 9. Juni seine alljährliche Generalversammlung, bei der die Finanzen besprochen, die vielfältigen Dienste verdankt und das neue Programm vom Dirigenten Rudi Erhard vorgestellt wird. In der nächsten Weihnachtsmette wolle man wieder einmal den schönen Choral von Jochen Kleppers Weihnachtslied singen:

Die Nacht ist vorgedrungen
Der Tag ist nicht mehr fern
So sei nun Lob gesungen
Dem hellen Morgenstern!

Auch wer zur Nacht geweinet
Der stimme froh mit ein
Der Morgenstern bescheint
Auch deine Angst und Pein

Noch manche Nacht wird fallen
Auf Menschenleid und –schuld
Doch wandert nun mit allen
Der Stern der Gottes Huld

XXVII. Epigramm

In gänzlicher Verlassenheit, im Bewusstsein des Nichts, ist dem Einsamen der freiwillige Untergang wie eine Heimkehr zu sich selbst. Gepeinigt in der Welt, ohnmächtig, den Kampf mit sich und der Welt fortzuführen, in Krankheit oder Alter dem Versinken in Kümmerlichkeit ausgesetzt, wird es ein tröstender Gedanke, sich das Leben nehmen zu können, weil der Tod wie eine Rettung erscheint. Wo unheilbare körperliche Erkrankung, Mangel aller Mittel und völlige Isolierung in der Welt zusammenkommen, kann in höchster Klarheit ohne Nihilismus das eigene Dasein nicht überhaupt, sondern das, welches jetzt noch bleiben könnte, negiert werden. Es ist eine Grenze, wo Fortleben keine Pflicht mehr sein kann: wenn der Prozess des Selbstwerdens nicht mehr möglich ist, physisches Leid und Anforderungen der Welt so vernichtend werden, dass ich nicht bleiben kann, der ich bin; und wenn niemand in der Welt ist, der liebend mein Dasein festhält. Dem tiefsten Leid kann ein Ende gemacht werden, obgleich und weil die

Bereitschaft zum Leben und zur Kommunikation die vollkommenste ist.“[2]

---

[2] Karl Jaspers, Philosophie, Bd. 2, Existenzverhellung.

Inhalt

De Profundis ... 9
I. In Principium ... 16
II. Erscheinung ... 24
III. Credo ... 37
IV. Alte Spuren ... 45
V. Thea ... 54
VI. Zweifel ... 64
VII. Sumpf ... 70
VIII. Entgegnung ... 75
IX. Idylle ... 80
X. Vorübungen ... 93
XI. Festen ... 100
XII. Rückblicke ... 112
XIII. Heldengedenken ... 120
XIV. Waidmannsheil ... 127
XV. Hohe Rat ... 137
XVI. Advent ... 147
XVII. Mea Culpa ... 156
XVIII. Exitus ... 177

XIX. Rituale 188
XX. Kopfgewitter 198
XXI. Alptraum 211
XXII. Gedankenspiele 219
XXIII. Kyrie 232
XXIV. Experten 245
XXV. Dies Irae 260
XXVI. Benediktus (Endzeit) 272
XXVII. Epigramm 291